Hoffnungsträger, nicht Lückenbüßer

Gabriele Denner (Hg.)

Hoffnungsträger, nicht Lückenbüßer

Ehrenamtliche in der Kirche

Schwabenverlag

VERLAGSGRUPPE PATMOS

PATMOS
ESCHBACH
GRUNEWALD
THORBECKE
SCHWABEN

Die Verlagsgruppe
mit Sinn für das Leben

www.schwabenverlag-online.de

Umschlaggestaltung: Finken & Bumiller, Stuttgart
Umschlagmotiv: © James Brey/iStock
Druck: CPI – Ebner & Spiegel, Ulm
Hergestellt in Deutschland
ISBN 978-3-7966-1669-3

Inhalt

5

Vorwort

Die Zahl der ehrenamtlich tätigen Menschen in der Kirche war noch nie so hoch wie seit dem Zweiten Vatikanischen Konzil. In den verschiedenen Gruppen in den Kirchengemeinden, in Verbänden, Einrichtungen und Organisationen bringen sich Frauen und Männer unterschiedlichen Alters, Jugendliche und Kinder mit ihren Charismen ein und investieren freiwillig Zeit, Energie und Kreativität mit zum Teil großer Hingabe und hohem Engagement. Für viele Menschen ist freiwilliges Engagement ein alltäglicher und sinnstiftender Bestandteil ihres Lebens geworden, eine Quelle der Lebensfreude und ein Zeugnis des Glaubens.

Auf den ersten Blick scheint somit alles auf einem guten Weg zu sein. Warum aber beschäftigt sich dann eine Vielzahl von Forschungsprojekten und Initiativen in den letzten Jahren und Jahrzehnten mit dem ehrenamtlichen Engagement? Warum ist das Ehrenamt mehr denn je in aller Munde?

Das Thema bewegt – auch die Kirche – nicht zuletzt deshalb, weil aufgrund gesellschaftlicher Veranderungen sich besonders im ehrenamtlichen Engagement ein Wandel vollzogen hat. Ehrenamtliche wollen nicht länger nur als Lückenbüßer zur Erledigung vorgefundener Aufgaben oder zum Wohl der Institution gesehen werden. Vielmehr ist ihnen wichtig, gerade auch im kirchlichen Umfeld, Verantwortung zu übernehmen, an Entscheidungsprozessen mitzuwirken und sich mit ihren Fähigkeiten einbringen und weiterentwickeln zu können. Will Kirche sich wirklich allen Menschen zuwenden und an die „Hecken und Zäune" gehen, die „warme Stube" verlassen, kann sie gerade auch beim Ehrenamt beginnen.

Hier liegen viele Chancen und Möglichkeiten für die Kirche. Schon deshalb, weil ein zeitgemäßes, vielfältiges und dialogisches Ehrenamt als nachhaltiges und weithin sichtbares Signal für eine offene Kirche verstanden werden kann. Wer heute also über Ehrenamt nachdenkt,

7

denkt nicht mehr darüber nach, wie man Menschen überreden kann, bei etwas mitzumachen, was man sich vorher ausgedacht hat. Es geht heute nicht mehr darum, Leute in eine Institution oder eine Gemeinde zu „integrieren". Es geht darum, mit ihnen eine Gemeinde oder einen Verband oder einfach am Reich Gottes zu *bauen*. Über Ehrenamtsentwicklung kann nicht gesprochen werden, ohne gleichzeitig über eine neue Gestalt von Kirche nachzudenken.

Die Beiträge in diesem Buch betrachten das Thema unter verschiedenen Gesichtspunkten und offenbaren ein großes Potential an Impulsen und zukunftsweisenden Anregungen. Sie werden zum Nachdenken einladen, Widerstände hervorrufen und manche Diskussionen auslösen. Dies ist jedoch im Sinne einer Ehrenamtskultur als ein hoffnungsvolles Zeichen für eine spannende pastorale Weiterentwicklung der Kirche zu deuten.

Auch wenn viele zentrale Aspekte aufgegriffen wurden, kann das vorliegende Buch das Thema nicht umfassend behandeln. Im ersten Teil finden sich Grundsatzbeiträge zur aktuellen Diskussion. Der zweite Teil greift Beispiele aus der Praxis auf und zeigt, wie eine erfolgreiche Ehrenamtskultur der Zukunft umgesetzt werden kann.

Ein besonderer Dank gilt den Autoren und Autorinnen, die zum Teil unter Mühen neben den Alltagsaufgaben geschrieben haben. Niemand von ihnen musste lange gebeten werden. Wir alle brennen für das Thema.

Gabriele Denner
März 2015

„Ich bin keine Ehrenämtlerin, sondern eine Mission"

Eines der treffendsten Worte im Apostolischen Schreiben *Evangelii gaudium* vom 24. November 2013 ist für mich dieses: „Ich bin eine Mission." In der Nr. 273 seines Schreibens über die Verkündigung des Evangeliums in der Welt von heute betont Papst Franziskus fast emphatisch, dass christliche Existenz durch und durch missionarisch ist, dass Zeugnisgeben in der Welt nicht etwas ist, das zum Glauben auch noch dazukommt (das wäre ein halbierter Glaube), sondern sein Herzstück. Wörtlich: „Die Mission im Herzen des Volkes ist nicht ein Teil meines Lebens oder ein Schmuck, den ich auch wegnehmen kann; sie ist kein Anhang oder ein zusätzlicher Belang meines Lebens. Sie ist etwas, das ich nicht aus meinem Sein herausreißen kann, außer ich will mich zerstören. *Ich bin eine Mission* [Herv. im Original!] auf dieser Erde, und ihretwegen bin ich auf dieser Welt. Man muss erkennen, dass man selber ‚gebrandmarkt' ist für diese Mission, Licht zu bringen, zu segnen, zu beleben, aufzurichten, zu heilen, zu befreien."

„Ehrenamt" – eine theologische Kategorie?

Mission kann ich nicht als Ehrenamt betreiben. Christsein ist kein Ehrenamt, es sei denn, ich bezeichne damit die Ehre, die dem Christen und der Christin als Getaufte zukommt. Wer getauft ist, trägt den Ehrennamen „Christ" und wird in Christus eingegliedert (vgl. das Ökumenismusdekret des Zweiten Vatikanischen Konzils, wo dies in Nr. 3,1 von allen Christenmenschen gesagt wird). In *Evangelii gaudium* ist ganz bewusst mit Hervorhebung von „gebrandmarkt" die Rede; dies spielt nämlich an auf das „Brandzeichen", das in der Taufe eingebrannt wird – als Erkennungszeichen, als Zeichen der Zugehö-

…ter ist dann in der Theologie die Rede von …uslichen Merkmal" (charakter indelebilis; das griechische Wort charakter bedeutet Stempel, Zeichen, Gepräge einer Münze und im übertragenen Sinn: „Stempel des Wesens eines Menschen"[1] – nämlich in unserem Fall des Getauften: „Du bist eine Mission"). Wer getauft ist, wird Christ und Missionar/in im Namen des Vaters, des Schöpfers, des Sohnes, des Retters, des Geistes, der Dynamik des neuen Lebens. Weil die Firmung die Vollendung der Taufe ist, wird auch in ihr ein „unzerstörbares Merkmal" eingeprägt, damit werden Christenmenschen endgültig zu missionarischen Zeuginnen und Zeugen in Kirche und Gesellschaft. Dass seit langem nur im Zusammenhang mit der Priesterweihe von diesem character indelebilis die Rede ist, dreht die sakramentalen Verhältnisse um: Sicher, auch mit der Priesterweihe wird eine lebenslange Prägung verliehen; diese Einmaligkeit teilt sie mit Taufe und Firmung. Aber das Christsein beginnt mit der Taufe, sie ist das Tor zu allen Sakramenten, die Voraussetzung auch für die Weihe. Das Zweite Vatikanische Konzil hat die ursprüngliche Sicht und ihre biblische Begründung wieder in Erinnerung gerufen: Wer getauft ist, gehört zum Volk Gottes und hat Teil an dessen Sendung. Die Unterschiede betreffen die unterschiedlichen Aufgaben der Gesendeten (das ist das deutsche Wort für Missionare, Missionarinnen), sie bauen keine Hierarchie der Wertigkeit oder der Ehre auf. Christsein ist keine „Ehrensache", der Mission nachzukommen ist selbstverständliche Pflicht, ist Amt. Das soll im Folgenden weiter theologisch begründet werden, da hier auch fünfzig Jahre nach Konzilsende immer noch unklare und schiefe Vorstellungen anzutreffen sind.

„Ehre oder Amt?"

So ist Modul 1 des Basislehrgangs für das Ehrenamt überschrieben, den die Caritas einer Nordtiroler Region in Kooperation mit Partnern

---

1   Gemoll, Griechisch-Deutsches Schul- u. Handwörterbuch, Nachdruck, München-Wien 1979, Sp. 800.

anbietet. Dem Flyer, den ich in der Bahnhofshalle von Schwaz fand, entnehme ich, dass vor den Modulen 2 (Kommunikation und Gesprächsführung – Nähe und Distanz) und 3 (Ich in Beziehung und Sinnfindung) die „Grundlagen der Freiwilligenarbeit" zu klären sind. Schon im außerkirchlichen Bereich des „bürgerschaftlichen Engagements" wird seit einiger Zeit die Brauchbarkeit der Kategorie „Ehrenamt" diskutiert. Aus theologischer Sicht muss sie geradezu als unbrauchbar, weil irreführend bezeichnet werden.

Vom „Ehrenamt" bleibt bestenfalls die *Ehre*, wenn dabei an die oben erwähnte „Ehre des Christennamens" erinnert wird (interessanterweise im Ökumenismusdekret mit Blick auf die anderen Kirchen, nicht auf die eigene).

Bleibt etwas vom *Amt*? Nicht in der Kombination „Ehrenamt", denn dieses „Amt" wird ja durch Abgrenzung von den Haupt-amtlichen und Neben-amtlichen definiert. Und allzu oft entsteht der Verdacht, die „Ehrenämtler" werden wichtig, weil die Zahl der Hauptämtler abnimmt. Angemessener ist es, von Haupt- und Nebenberuflichen zu sprechen, die angestellt und bezahlt werden. Mag sein, dass diese „amtliche" Tätigkeiten aufgeladen bekamen oder an sich gezogen haben, die nicht genuin mit ihrem Amt/Beruf/Auftrag zu tun haben. Hier ist zurückzugeben, was nicht dazugehört. Es ist aber in jedem Fall so, dass angesichts der Zeichen der Zeit diakonische und missionarische Aufgaben(felder) entdeckt werden, für die genuin die zuständig sind, die eben nicht bezahlt im Haupt- oder Nebenberuf tätig sind. Und falls in Zukunft die Hauptamtlichen nicht mehr zu finanzieren sind und wir priesterliche Gemeindeleiter (und -innen?) und Diakone (und Diakoninnen?) im Zivilberuf haben werden, würde noch deutlicher, dass der Unterschied innerhalb des gemeinsamen missionarischen Auftrags in der Ausdifferenzierung der Charismen und ihrer amtlichen Wahrnehmung liegt.

Zum Grundamt jedes Christenmenschen („Gott loben, das ist unser Amt": Gotteslob 144, 5. Strophe) kommen konkrete Ämter hinzu. Amt ist dann zunächst soziologisch zu bestimmen: eine Funktion/Aufgabe, die öffentlich erkennbar/anerkannt eine (mehr oder weniger lange) Zeit wahrgenommen wird. Das Kirchenrecht kennt diese weite Bestimmung von Amt, während in der Dogmatik die Rede vom Amt meist auf das durch Weihe übertragene Amt eingeengt wird. Häufig geschieht dies, um „das Amt" zu schützen. Dies ist freilich gar nicht notwendig: Alle sind aufgrund der Taufe (und Firmung) berufen und gesendet, freilich nicht alle auf die gleiche Weise/zur selben Aufgabe. Jeder und jedem schenkt der Geist des neuen Lebens ihre/seine Gabe (Charisma), das, wie Paulus nach Korinth schreibt, nicht zum Privatvergnügen, sondern zur Auferbauung der Gemeinde verliehen wird. Viele Charismen werden „amtlich", nämlich öffentlich und auf eine gewisse Dauer in das Leben der Menschen eingebracht. Einige dieser „amtlich wahrgenommenen Charismen" haben sich relativ früh in der Geschichte der christlichen Gemeinden als unverzichtbar für das Leben der Kirche herausgestellt: Es sind dies die Ämter, die durch Ordination (Weihe) übertragen werden (Bischofsamt, Priesteramt, Diakonenamt). Diese sind, wie die ökumenische Konvergenzerklärung von Lima es formuliert, „konstitutiv für das Leben und Zeugnis der Kirche". Das heißt: sie sind kein Selbstzweck, sondern darauf hingeordnet, dass die Kirche „ihre Sendung erfüllen" kann.[2] Im gewissen Sinn sind es die Ämter, die die „Ehre" haben, im Dienst der vielen Ämter zu stehen.

Die Rede vom „Dienst" kann die Bedeutung von „Macht" überspielen. Das ist schädlich, wenn es sich um Machtstrukturen handelt, die dem Evangelium nicht entsprechen, die die „Freude am Evangelium" vermiesen, ja, die Menschen verachten. Das alles sollte aber nicht zur generellen Verdammung von Macht und Machtausübung veranlassen und unter Umständen ein Machtvakuum entstehen lassen, da, wo diese Macht-Art gebraucht wird: Macht (ich beschränke mich auf die kirchliche Sicht) dient der Ermächtigung der anderen, damit sie selbstmächtig werden. Das ist genau der ursprüngliche Sinn von Autorität; das lateinische Wort auctoritas kommt vom Wortstamm augere = vermehren, stärken. Der Dominikaner und Theologieprofessor Thomas O'Meara gibt eine hilfreiche Definition von „ministry" (was Dienst und Amt zugleich heißen kann): „Dienst/Amt ist (1) eine Tätigkeit für die Ankunft des Reiches Gottes; (2) in der Öffentlichkeit; (3) im Dienst

---

2 Konvergenzerklärungen zu Taufe, Eucharistie und Amt, in: Dokumente wachsender Übereinstimmung, Bd. 1, Paderborn-Frankfurt/M. 1983, S. 569 (Teildokument Amt, Nr. 8).

der christlichen Gemeinschaft; (4) ist eine Gabe, die in Glaube, Taufe und Ordination empfangen wird und die (5) eine Tätigkeit ist mit ihren eigenen Grenzen und (6) einer Identität inmitten der Vielfalt der amtlichen Tätigkeiten."[3] „Ehrenämtler" brauchen keine Ehre, sondern *Anerkennung*! Ihnen wurde in der Taufe die Ehre des Christennamens geschenkt; sie bringen Bereitschaft zum Engagement und fachliche Kompetenzen (die „fortgebildet" werden können) mit; von daher wollen sie nicht geehrt werden, sondern – und am besten nicht nur stillschweigend – die Anerkennung ihrer Charismen und ihrer Berufung „Ich bin eine Mission" erfahren.

Den Sprachgebrauch also ändern?

Sicher: es gibt eingefahrenen Sprachgebrauch. Aber wer sich vor Augen führt, was Sprache bewirkt, der/die wird ernsthaft überlegen müssen, ob wir in unserer Kirche, in unseren Gemeinden von Ehrenamt sprechen sollen – mit dem m. E. größeren Risiko, dass dies zu einem hierarchischen Gefälle und zu mangelnder Wertschätzung/Anerkennung beiträgt. Verwenden wir doch etwas Phantasie und konkretes Hinschauen und benennen wir nach Möglichkeit das, was Getaufte/ Gefirmte in den Gemeinden oder wo auch immer leben und tun, mit möglichst der Bezeichnung der Tätigkeit: Mesnerin, Organistin, Katechetin, Beraterin, Supervisorin, Altenbetreuerin, Trauerbegleiterin, Notfallseelsorgerin, Vorsitzende usw. Eine andere Möglichkeit soll nach meinen Informationen Bischof Bode vorgeschlagen haben, nämlich den sakramenten-theologischen Grund des (amtlich auszuübenden) Charismas anzugeben: Getauft – Gefirmt – Beauftragt – Gesendet („missio") – Ordiniert.

---

3   Thomas O'Meara, Theology of Ministry, New York 1983, S. 136.

Noch eine Klarstellung: „Gemeinsames Priestertum"

Da auch an dieser Stelle deutlich wird, was Sprache bewirkt, möchte ich einen mehrfach gegebenen Hinweis[4] wiederholen: Wie die Genese des Textes der Kirchenkonstitution *Lumen gentium* Nr. 10 belegt, hat das Zweite Vatikanische Konzil bewusst davon Abstand genommen, vom „allgemeinen" und vom „besonderen" Priestertum zu reden, weil 1. „allgemein" als zu unverbindlich galt und 2. „besonderes" eine falsche gnadentheologische Assoziation nahelegt. Stattdessen ist vom „gemeinsamen Priestertum" und vom „Priestertum des Dienstes oder dem hierarchischen Priestertum" die Rede. Letzteres steht gerade nicht über dem priesterlichen Gottesvolk, zu dem die priesterlichen Amtsträger ja selbst gehören, sondern ist dienend auf das priesterliche Gottesvolk hingeordnet; in dieser Funktion liegt der wesensgemäße Unterschied. Das ist keine Wortklauberei! Wer von „allgemeinem" und „besonderem" redet, bewegt sich innerhalb derselben Kategorie und kann eine hierarchische Stufung nicht vermeiden. Die Wortwahl von *Lumen gentium* macht dagegen deutlich, dass es sich um zwei priesterliche Vollzugsformen handelt, die „je auf ihre besondere Weise" (suo peculiari modo) am Priestertum Jesu Christi Anteil haben. Von der Theologischen Redaktionskommission wurden die Änderungsanträge zurückgewiesen, die geschrieben haben wollten, das Priestertum aller Gläubigen sei „so irgendwie im allgemeinen Sinn" ein Priestertum, aber eben ein „uneigentliches", „anfanghaftes", eines „bloß im übertragenen Sinn".

Um Missverständnissen nicht weiter Nahrung zu geben, sollte der Sprachgebrauch des Konzils konsequent beibehalten werden: Es gibt ein („wirkliches", nicht abzuminderndes) Gemeinsames Priestertum der Gläubigen, und es gibt ein Priestertum des Dienstes, des Amtes,

---

4   Vgl. meine Beiträge, zu denen ich aus je gegebenem Anlass gebeten wurde: Das Verhältnis von gemeinsamem und amtlichem Priestertum in der Perspektive von Lumen gentium 10, in: Trierer Theologische Zeitschrift 94 (1985) 311–325; Thesen zum Verhältnis von Gemeinsamem Priestertum und dem durch Ordination übertragenen priesterlichen Dienst, in: Kircheneinheit und Weltverantwortung (FS Peter Neuner), hg. v. Christoph Böttigheimer/Hubert Filser, Regensburg 2006, 181–194; Das Gemeinsame Priestertum aller Gläubigen, in: Lebendige Seelsorge 61 (2010) 143–147; Das Allgemeine/Gemeinsame Priestertum aller Gläubigen, in: Informationen (des Diözesanpriesterrates und des Diözesanrates der Diözese Rottenburg-Stuttgart) Nr. 423 (März–April 2012) 15–24.

das auch hierarchisches genannt wird. Damit ist zweierlei klargestellt: (1) Das Priestertum derer, die wir „Priester" nennen, steht im Dienst des Priestertums aller Gläubigen. (2) Jedes der beiden „Priestertümer" hat etwas „Besonderes", weniger missverständlich ausgedrückt: etwas Spezifisches, das dem jeweils anderen nicht zukommt. So formuliert es ja das Konzil: *das eine wie das andere* nämlich nimmt *auf seine besondere Weise* am einen Priestertum Christi teil".

Aber wird das Gesagte nicht dadurch wieder in Frage gestellt, dass sich LG 10 zufolge die beiden Priestertümer „nicht nur dem Wesen, sondern auch dem Grad nach" unterscheiden? So zitieren viele den Konzilstext, und sie zitieren ihn falsch. In der Tat: Im ersten Textentwurf zum Abschnitt 10 der Kirchenkonstitution hieß es genau so: „nicht nur – sondern auch". Diese Formulierung gehörte zu einem Text, der in der Konzilsdebatte von Bischöfen als „klerikalistisch" kritisiert und abgelehnt wurde. Trotz der Sorge einiger Mitbischöfe, die das amtliche Priestertum gefährdet sahen, stimmten die Konzilsväter der Textänderung zu, die sowohl die Sendung aller im gemeinsamen Priestertum wie auch die spezifische Sendung der „Amts-/Dienstpriester" zum Ausdruck bringt. Der Unterschied ist nämlich nicht ein gradueller. Der Text ist also nicht zu übersetzen mit „nicht nur dem Grade, sondern auch dem Wesen nach". Sondern: „unterscheiden sich wesentlich [in ihren Funktionen/Aufgaben] und nicht im Sinne eines bloßen Gradunterschieds".

Wenn wir im Sinne von Papst Franziskus „die Freude am Evangelium" teilen, werden wir die Gemeinsamkeiten unserer Mission entdecken und die unterschiedlichen Formen ihrer Ausübung und des darin zum Ausdruck kommenden Zeugnisses wertschätzen. Denn schließlich ist es unser Amt, „Gott zu loben", und zwar durch unsere Mission, „Licht zu bringen, zu segnen, zu beleben, aufzurichten, zu heilen, zu befreien".

Bernd Jochen Hilberath

15

Großzügig – pragmatisch – demütig

*Charismenorientierte Ehrenamtsentwicklung
als Kirchenentwicklung*

Es gibt viele Begabungen

Tobias ist mit seinen zwanzig Jahren ein junger Mann, auf den die anderen hören. Sein Wort hat Gewicht. Das liegt sicher auch daran, dass Tobias mit seiner Person hinter dem steht, was er sagt. Er ist kein Schwätzer. Dazu kommt, dass er Verantwortung übernimmt für die Gemeinschaft. Er hat ein gutes Gespür für das, worauf es ankommt: am Karren ziehen, wenn er feststeckt, und bremsen, wenn er zu kippen droht. Ohne sich wichtig zu machen, einfach aus sich heraus. Tobias hat Vertrauen in das Leben und in sich selbst. Er hat ein Charisma, ist man geneigt zu sagen. Tobias arbeitet in der Firmvorbereitung mit. Man hat ihn angesprochen wegen seiner Führungsqualitäten und weil es ihm gelingt, junge Menschen zu stärken. Der Haken bei der Sache ist, dass Tobias nicht mehr viel mit Kirche anfangen kann, und einen Gottesdienst hat er schon länger nicht mehr besucht. Also doch kein Charisma?

An Tobias wird deutlich, in welchem Dilemma Kirche steckt. Immer mehr Menschen scheinen immer weniger ins bestehende System hineinzupassen. Wir wissen als Pfarrei oder sonstige kirchliche Einrichtung ja ziemlich genau, was wir brauchen, wer passt und wer nicht. Wer nun von charismenorientierter Ehrenamtsentwicklung spricht, sollte sich nicht der Illusion hingeben, dass damit eine neue Formel vorläge, mit deren Hilfe Kirche in ihrem bestehenden Modus gerettet werden könnte. Der Wille zu einer charismenorientierten Ehrenamtsförderung beinhaltet das Ja zu einer Kirchenentwicklung, deren Ergebnis nicht vorher bestimmbar ist. „Charisma" und „Ehrenamt" sind zwei Signaturen für diese Ergebnisoffenheit. Ehrenamt ist das nicht durch Tarifbestimmungen und Bezahlung zu ordnende freie Potenzial der Kirche. Charismen wiederum sind unverfügbare Gnadengabe des Heiligen Geistes, die dieser verteilt, „wie er will" (1 Kor 12,11).

Charisma ist Gabe und Aufgabe

Auf allen kirchlichen Ebenen wird derzeit ein „Paradigmenwechsel von der Aufgabenorientierung zur Charismenorientierung" proklamiert. Was damit gemeint ist, scheint allgemein klar zu sein. Allerdings wirft der Slogan einige Fragen auf, die der Verständigung bedürfen:

Bedeutet Charismenorientierung: Jetzt macht jeder, was er will?
Unter Charismen verstehen wir mit Paulus die Gnadengaben, die der Heilige Geist über alle ausgießt (1 Kor 12,11). Insofern kann jede und jeder Getaufte davon ausgehen, dass sie und er mit einer besonderen Gabe ausgestattet sind. Jede Begabung beinhaltet Kompetenz im doppelten Sinne, nämlich eine bestimmte Befähigung sowie die Ermächtigung, diese einzusetzen. Darüber hinaus macht Paulus deutlich, dass der Geist seine Gaben schenkt, damit sie im Dienst der Gemeinschaft zur Wirkung kommen (1 Kor 12,7). In ihrer Verschiedenheit und Unvergleichlichkeit haben alle Charismen als gemeinsame Quelle den einen Geist, den einen Herrn und den einen Gott, und erst zusammen ergeben sie ein Ganzes (1 Kor 12,4–6). Den Gedanken der Vielfalt und der Verteilung der Gaben auf alle Getauften unterstreicht die Rede des II. Vatikanums vom gemeinsamen Priestertum aller Glaubenden, das genauso wie das Weihepriestertum auf je besondere Weise am Priestertum Christi teilnimmt (Lumen gentium 10). Wenn also jedes Charisma seine eigene geistgeschenkte Wirkung zum Nutzen aller hat, ist die Frage nach der Scheidung der Geister und der Autorisierung zum Handeln offenbar deutlich schwieriger zu beantworten als es in einer hierarchisch durchstrukturierten Organisation bisher üblich war.

Eine Verhinderung oder gar Unterdrückung von Charismen käme im paulinischen Sinne einer Versündigung am Heiligen Geist gleich. Die Frage, ob nun jeder machen solle, was er will, ist allerdings falsch gestellt. Denn wenn Charismen nur im Dienste der Gemeinschaft ihre Wirkung entfalten, haben wir ein deutliches Kriterium, nach welchem die Geister unterschieden werden können. Richtig verstanden gibt es zu jeder Gabe eine Aufgabe. Berufung zum Christsein bedeutet dann auch für jeden Einzelnen, das eigene Charisma zu entdecken und verantwortlich in den Dienst der Gemeinschaft zu stellen.

Gibt es einen kirchenamtlichen Charismenkatalog?

Woran Charismen erkannt werden können und wer darüber bestimmt, was als Charisma gelten darf, muss im Kontext eines Richtungswechsels von einer aufgaben- zu einer charismenorientierten Kirche neu untersucht werden. Denn Charismenorientierung geht ja nicht in erster Linie von einer Zuweisung von Aufgaben durch Autoritäten aus, sondern von Entdeckungsprozessen und einer organischen Einfügung vorhandener Begabungen in den vielgliedrigen Leib Christi. Die Frage nach Charismen, die zum Aufbau des Reiches Gottes beitragen, muss einerseits die konkrete Person mit ihren Fähigkeiten und Talenten in den Blick nehmen. Ganz grundsätzlich sollte aber auch eine Auseinandersetzung darüber geführt werden, mit welchen Charismen wir rechnen, bzw. ob bestimmte handlungsleitende Interessen nicht vielleicht den Blick auf manche Geistesgaben verstellen, die dadurch unentdeckt bleiben. Wir sollten nicht davon ausgehen, dass Paulus eine abgeschlossene Zusammenstellung von Charismen und Diensten vorgelegt hat (1 Kor 12,8–10, Röm 12,6–8). Immerhin lassen diese Auflistungen ein weites Verständnis zu, welches eine Aktualisierung in die jeweiligen zeitlichen Kontexte erlaubt. Paulus selbst gibt das entscheidende Kriterium vor, indem er in 1 Kor 13 auf die Liebe als das unabdingbare Vorzeichen jeglicher Begabung verweist. Im Blick auf den oben vorgestellten Tobias darf man also durchaus behaupten, dass es sich tatsächlich um ein Charisma handelt, welches er in die Firmvorbereitung einbringt.

Bekommen wir durch Charismenorientierung die vorhandenen
„Löcher" wieder gestopft?
Eindeutig nein! Charismenorientierte Ehrenamtsentwicklung geht
weiter als die Mitmachpastoral der siebziger Jahre, als die Plätze, die
besetzt werden durften, noch mehr oder weniger klar definiert waren.
Dennoch war jene Zeit prägend für die Selbstwahrnehmung der Kir-
chenmitglieder als mündige Subjekte des Glaubens. Es geht heute
darum, tiefer zu durchdringen, was das Konzil erkannt und initiiert
hat. In den „fetten Jahren", die jetzt erst allmählich enden, war die
deutsche Kirche geprägt von einem sicherheitsbetonten und an Behör-
denstrukturen orientierten Versorgungsdenken. Die diesem Denken
zugrunde liegende Annahme von Flächendeckung und Vollständigkeit in der Seelsorge setzte bisher den Maßstab, nach dem die „Löcher"
identifiziert werden, welche gestopft werden sollen. In erster Linie
führt ein solches pastorales Versorgungsdenken jedoch lediglich zum
Selbsterhalt von kirchlichen Eigenstrukturen. Wenn wir den Auftrag
von Gaudium et spes 1 ernst nehmen, ist die Zahl der „Löcher" tatsächlich immer unendlich viel größer als die Beiträge, die die Kirche
und ihre Glieder leisten können. Es ist zu vermuten, dass eine charismenorientierte Ehrenamtsentwicklung nicht unbedingt die Löcher
stopft, die wir jetzt sehen, sondern neue Löcher sichtbar macht, vor
denen wir bislang die Augen verschlossen haben. Insofern schaffen
Charismen den Leib immer neu, statt lediglich „einverleibt" zu werden[1]. Im Hinblick auf das Ideal der Flächendeckung könnte das dazu
führen, dass Kirche in der „Fläche" eine Präsenz entwickelt, die sie
bisher gar nicht hatte.

Ob die Bewegung von der Aufgabenorientierung hin zur Charismenorientierung schon als neues Paradigma bezeichnet werden sollte,
darf mit Recht hinterfragt werden. Von Anfang an bilden Gaben und
Aufgaben ein Tandem, denn nur wo beides zusammenkommt, wird
Kirche wirksam und überzeugend. Dort, wo Aufgaben mit mangelnder Begabung erfüllt werden, kann wenig wachsen. Charismenorientierte Ehrenamtsentwicklung bedeutet in diesem Zusammenhang

---

1 Vgl. Jörg Seip, Die Ordnung der Charismen, in: Anzeiger für die Seelsorge 6 (2014), 20–
   23.

einen Perspektivenwechsel, der das begabte Subjekt stärker in den Blick nimmt und versucht, Möglichkeiten der Entfaltung zum Wohle der Gemeinschaft zu schaffen.

Charismenorientierte Ehrenamtsentwicklung ist Kirchenentwicklung

Wenn im Kontext der Ehrenamtsentwicklung überhaupt von einem Paradigmenwechsel gesprochen werden kann, dann trifft dies vor allem auf ein verändertes Kirchenverständnis zu. Die Subjekt- und Charismenorientierung wird in ihrer Konsequenz Kirche zu einem höchst dynamischen Organismus transformieren, der nicht zu vergleichen ist mit der bisherigen Organisation, die sich selbst grundsätzlich deduktiv und mit abgeschlossenen Definitionen erklärt. Zwar ist sich die Kirche ihrer Vorläufigkeit, ihrer Pilgerschaft und ihrer ständigen Reformbedürftigkeit reflexiv von Anfang an bewusst, auch ist es kein Geheimnis, dass die gelebte Praxis schon immer Einfluss auf die Selbstwahrnehmung der Kirche hatte, jedoch wurde die Wahrheitsfindung stets dem Denken zugeschrieben, nicht aber dem Handeln[2]. Charismenorientierung jedoch ist gerade auf ein hohes Maß an Experiment und Ergebnisoffenheit angewiesen. Hier erweist sich der von Rolf Zerfaß bereits in den siebziger Jahren des vergangenen Jahrhunderts entwickelte handlungswissenschaftliche Regelkreis von „Sehen – Urteilen – Handeln – neu Sehen" als sehr aktuelle pastoraltheologische Grundlage[3].

Es sind vor allem zwei Kennzeichen einer charismenorientierten Ehrenamtsentwicklung, die den Weg von einem eher „geschlossenen" zu einem eher „offenen" System markieren:

Eine charismenorientierte Kirche überschreitet vorgegebene Muster
Wenn die Prämisse gilt, dass jeder Getaufte (und darüber hinaus jeder

---

2 Vgl. dazu die Ausführungen von M. Sellmann über den amerikanischen Pragmatismus in: Matthias Sellmann, Katholische Kirche in den USA. Freiburg 2011, 36 ff.
3 Vgl. Rolf Zerfaß, Praktische Theologie als Handlungswissenschaft, in: Theologische Revue 69 (1973), 90–98.

Mensch) Gaben besitzt, die dem Reich Gottes förderlich sind, und wenn gleichzeitig davon ausgegangen werden kann, dass bei vielen Menschen die „Passung" zwischen angebotener Aufgabe und persönlicher Gabe nicht stimmt, dann muss der Blick für deren Wirkungsmöglichkeiten über bestehende Muster hinausgehen. Solche bestehenden Muster sind z. B. die Lücken im laufenden Betrieb, das Kirchenjahr oder auch die klassischen Orte, an denen Kirche sich bislang zeigt. Diese Entwicklung hat schon begonnen, wenn z. B. lebensbezogene Situationen heute mehr als die Stationen des Kirchenjahrs zum Ort der Glaubenskommunikation und der liturgischen Feier geworden sind oder wenn christliche Gesinnung sich in einem Engagement für Flüchtlinge verwirklicht, zusammen mit anderen „Menschen guten Willens". In beiden Fällen werden „Freude und Hoffnung, Trauer und Angst" der Menschen geteilt und Gottes Zuwendung zum Menschen zum Ausdruck gebracht. Eine intensive Zusammenarbeit mit Menschen wie Tobias aus dem Eingangsbeispiel verspricht neue Perspektiven, sowohl für die kirchlich Identifizierten wie auch für diejenigen, mit denen sie in Berührung kommen.

Charismenorientierung ist aufmerksam für das Wirken des Heiligen Geistes
Dort wo Kirche auf die Begabungen der Menschen schaut, öffnet sie neue Räume für Gottes Wirken, das die Fassungskraft ihrer selbst geschaffenen Strukturen übersteigt. Die Öffnung für das scheinbar „Unpassende" hat der Kirche in der Vergangenheit immer wieder neues Leben eingehaucht. Ein anschauliches Beispiel dafür ist die Geschichte mancher Ordensgründungen und Aufbruchsbewegungen, die vom bestehenden System zuerst oft als herausfordernd und nicht selten als bedrohlich erlebt worden sind.

Bei aller Anstrengung für eine Entwicklung der Charismen und des Ehrenamts in der Kirche dürfen Geber und Empfänger nicht verwechselt werden. Letztlich ist es immer Gott, der seiner Kirche den Weg weist. Unser Beitrag besteht vor allem darin, aufmerksam zu werden und das Wirken des Heiligen Geistes nicht unnötig zu behindern. Deshalb ist es unzulässig, eine charismenorientierte Ehrenamtsentwicklung als neue Strategie der Rekrutierung zu installieren. Es geht nicht um eine neue „Sozialtechnik" zur Mitarbeitergewinnung, sondern um eine veränderte Haltung gegenüber der Würde und Geistbegabtheit der Kinder Gottes.

Eine derart entwicklungsoffene Kirche ist nicht zum Nulltarif zu haben. Sie erfordert Mut zum Risiko oder – spirituell ausgedrückt – Gottvertrauen. Eine solche Kirche muss großzügig sein im Eröffnen von Möglichkeiten, damit Charismen nicht verborgen bleiben. Sie muss pragmatisch sein im Ausprobieren neuer Wege, damit Entdeckungsprozesse geschehen können. Und sie muss demütig sein gegenüber Gott und den Menschen, damit der Selbsterhalt der Kirche nicht mit dem Reich Gottes verwechselt wird.

Konsequenzen für hauptamtliche Rollen

Charismen sind geschenkte Gaben, die weder durch Ausbildung und Dienstvertrag noch durch Beauftragung oder Weihe gewährleistet sind. Insofern greift die Rede von einer charismenorientierten Ehrenamtsentwicklung zu kurz, wenn sie nicht zugleich auch eine neue Perspektive auf die Hauptamtlichkeit eröffnet. Im Zueinander von Priestern und Laien sowie haupt- und ehrenamtlich Tätigen in der Kirche liegt die größte Herausforderung einer charismenorientierten Kirche.

Die Annahme, dass hauptamtliche Tätigkeit in der Kirche einen Charismenmehrwert schaffe, ist durch nichts belegt. Während eine aufgabenorientierte Sichtweise stärker an Zuständigkeitskompetenzen interessiert ist (wer darf was?), setzt sich die charismenorientierte Perspektive mit Fähigkeitskompetenzen auseinander (wer kann was?). Dadurch gerät die Spannung zwischen Befähigung und Beauftragung in den Blickpunkt. Diese ist nicht wirklich neu, denn zu allen Zeiten gab es in der Kirche ein Akzeptanzproblem, wenn Beauftragte ihrer Aufgabe nicht gewachsen waren oder aus anderen Gründen nicht nachkamen. Allerdings konnte eine „alternativlose" Kirche diese Spannung besser ignorieren, wohingegen in einer pluralen Gesellschaft massive Verluste drohen, wenn hauptamtliche Funktionsträger das für die zugewiesene Aufgabe notwendige Charisma nicht erkennen lassen.

Eine charismenorientierte Kirche muss sogar noch einen Schritt weiter gehen. Wenn Charismen die entscheidenden Faktoren für den Aufbau des Leibes Christi sind, dann ist konsequent zu fragen, ob es für die verschiedenen Aufgaben wichtiger ist, dass eine Begabung vorliegt oder ein hauptamtliches Dienstverhältnis. Anders gefragt: Welche Aufgaben sind wirklich zwingend an das Hauptamt gebunden? Genau diese Auseinandersetzung wird in der Praxis einer Charismenorientierung wachsen. Zu ihrer Bewältigung bedarf es einer Verständigungskultur, die nicht von Bevormundung, Konfliktvermeidung oder Einheitlichkeitsdenken geprägt ist.

Welche Rolle verlangt eine charismenorientierte Kirche aber von ihren hauptamtlich Bediensteten? Sind sie die Charismenentdecker? Und wenn ja, welches Charisma ist es, das ein Charismenentdecker braucht, vor allem angesichts der Tatsache, dass Charismen von ihrem Wesen her „unverfügbar-nomadisch" sind?[4] Und: Müsste in einem mündigen Gottesvolk nicht jede und jeder grundsätzlich zum Charismenentdecker taugen? Letztlich geht es doch darum, durch Resonanz das Göttliche in mir und im anderen zu entdecken. So waren im Eingangsbeispiel die Firmlinge in gleicher Weise Resonanzgeber für Tobias, der ohne diese Resonanz vermutlich nicht zur Mitarbeit angesprochen und motiviert worden wäre.

Vielleicht lässt sich die Aufgabe der Hauptamtlichen so beschreiben: Sie sind verantwortlich für die Gewährleistung von guten Entwicklungsbedingungen im Sinne einer Kirche, die „Zeichen und Werkzeug für die innigste Vereinigung mit Gott wie für die Einheit der ganzen Menschheit" (LG 1) sein soll. Diesen Auftrag kann jede und jeder Hauptamtliche unter den Bedingungen seiner und ihrer je eigenen Zuständigkeits- und Fähigkeitskompetenz erfüllen. Entscheidende Grundkomponenten des hauptamtlichen Auftrags könnten sein (stichwortartig):

- ermöglichen statt erlauben,
- Räume schaffen, Räume entdecken, Räume anbieten, in denen Charismen entdeckt werden können,
- zum Experiment ermutigen,

---

4 Vgl. Seip, 22.

23

- Milieuverengungen weiten,
- Anwaltschaft für Ausgegrenzte und deren Beteiligung übernehmen,
- Kooperationen öffnen mit Menschen guten Willens außerhalb der Kirche,
- subsidiär Unterstützung leisten,
- kollegial beraten und vernetzen,
- Entwicklung und Fortbildung von Personen fördern,
- Kriterienfindung zum Seelsorge- und Kirchenverständnis moderieren,
- Glaubenskommunikation initiieren,
- geistlich begleiten,
- Organisationskultur prägen (Anerkennungs-, Konflikt-, Abschiedskultur).

Kirchenentwicklung – und als deren Konsequenz die Ehrenamtsentwicklung – ist die wichtigste Aufgabe der Getauften im hauptamtlichen Dienst. Mehr denn je wäre zu prüfen, welche Aufgaben und Plätze zwingend von Hauptamtlichen besetzt werden müssen. Und auch im Umgang Ehrenamtlicher untereinander muss mit dem Thema Macht und Herrschaft kritisch umgegangen werden. Für das Leitungshandeln – egal ob priesterlich, haupt- oder ehrenamtlich ausgeübt – sollten die Grundsätze der „Dienenden Führung" (Servant Leadership) gelten, „die den Nutzen des Geführten über das Selbstinteresse des Führenden stellt. Dienende Führung fördert die Wertschätzung und die Entwicklung des Geführten, den Aufbau einer Gemeinschaft, die Praxis der Authentizität und die Teilung der Macht und des Status für das gemeinsame Wohl jedes Einzelnen, der ganzen Organisation und derjenigen, denen die Organisation dient."[5]

Es bleibt zu wünschen, dass die kirchlichen Verantwortungsebenen die mit einer Charismenorientierung untrennbar verbundenen Konsequenzen im Blick haben und sich auf den notwendigen Kirchenentwicklungsprozess einlassen werden.

Michaela Tholl

5   Friedemann W. Nerdinger u. a., Arbeits- und Organisationspsychologie, 3. Aufl., Berlin 2014, 617.

Jenseits gewohnter Verhältnisbestimmungen von Haupt- und Ehrenamtlichen

Vom Volk Gottes her denken lernen

Wer immer sich mit dem Miteinander von Hauptamtlichen und Ehrenamtlichen in den Zeiten kirchlicher Umbrüche beschäftigt, muss sich zuvor einigen grundlegenden Fragen stellen. In der Tat offenbart die Rede vom Ehrenamt generell, aber auch die Frage nach seinem Verhältnis zum Hauptamt – und natürlich die hier leitende Fragestellung nach ihrem Miteinander – ein ganz bestimmtes Kirchenbild, eine ganz bestimmte Konfiguration des Kircheseins, ein ganz bestimmtes Zueinander von Gestalt und Struktur, von Institution und Leben der Kirche. So entstehen die Fragen nach dem Miteinander von Hauptamt und Ehrenamt immer dann, wenn sich die Gestalt der Kirche erneuert. Fest verwurzelte Bilder des Kircheseins kommen in Bewegung Und das lädt ein zu einem tieferen Nachdenken, besonders in der jetzigen Situation. Wir sprechen so leichtfüßig von einem Paradigmenwechsel des Kircheseins, in dem wir uns befinden. Aber was genau meinen wir eigentlich damit? Sprechen wir eine gemeinsame Sprache? Es wäre fatal, in diesem Umbruch mit alten Kategorien etwas zu beschreiben, was gerade neu wird.

Darum geht es in diesem Beitrag. Ausgehend von einigen sprechenden Erfahrungen soll ansichtig werden, wie im Kontext einer neuen Ekklesiogenesis sich Verhältnisse neu beschreiben lassen müssen – und die Frage nach dem Miteinander von Haupt- und Ehrenamt in ein neues Licht gerät.

Fremdheitserfahrungen: Mexiko

Weihnachten 2014 habe ich in Mexiko verbringen dürfen. In Valle del Chalco, in Nezahualcoyotl (Vororte von Mexiko-City) und Sayula durfte ich für einige Tage in Pfarrgemeinden leben – zusammen mit dem jeweiligen Pfarrer und den vielen Menschen, die sich in den Gemeinden engagieren. Umso interessanter war es für mich, auf den Spuren der Entwicklung kirchlicher Basisgemeinden zu fragen und zu entdecken, wie sich hier das Miteinander von Haupt- und Ehrenamt darstellt. Es ist keine Überraschung, dass es eigentlich nur im deutschsprachigen Raum die Rede von Hauptamt und Ehrenamt gibt. In anderen Kulturräumen spricht man eher von „Freiwilligen", wenn überhaupt: denn dass hier in Mexiko mit so einem Begriff treffen könnte, wie Menschen ihr Mitwirken selbst verstehen, erscheint mir mehr als fraglich. Als ich mich bei einem Mexikaner bedanke, der mich vom Flughafen abholt und mehr als zwei Stunden nach Sayula fährt, da sagt er: „Das ist mein Dienst, das tue ich gerne." Ja, genau dieser Begriff fällt sehr oft und ist ja auch im benachbarten amerikanischen Sprachraum leitend: Es geht um „Dienste" (ministry, ministero), und interessanterweise ist genau dies ja auch die gemeinsame Bezeichnung für den Dienst des Priesters und für alle gemeinsamen Dienste der Getauften. Aber dennoch: auch wenn von der Sprachwurzel her das Wort „Amt" genau jene Dienstgestalt des Handelns beschreibt, klingt in der deutschsprachigen Praxis eine Institutionalisierung durch, und auch eine institutionenfixierte Perspektive des Kircheseins, die durch die Rede vom Haupt- und Ehrenamt ein Gefälle beschreibt, das ich so in Mexiko nicht wahrnehmen konnte. Hängt das vielleicht mit der Perspektive kirchlichen Lebens zusammen, die ich in diesen spezifischen Pfarreien wahrnehmen konnte? Die Vielfalt basiskirchlich gestalteten Kircheseins führt dazu, dass Kirche nicht von ihrer institutionellen Grundgestalt her gedacht wird, sondern von den Menschen, die sie „sind": In den Straßen, in den Stadtvierteln, in den Kapellengemeinden bilden sich Gemeinschaften von Christen, die für alle im Viertel Aufgaben und Dienste wahrnehmen, die ihre verschiedenen Gaben einbringen, die die Patronatsfeste managen und immer mit vielen anderen der Kirche ein menschliches Gesicht geben. Natürlich feiern sie am Sonntag gemeinsam Liturgie, und auch hier gibt es viele Beteiligte, viele Dienste: In jeder Messe spielte eine andere Musikgruppe, in jeder Messe gab es andere Moderatoren, Lektoren und Kommunionhelfer. Die Zahl derer, die sich einbringen, ist schon auf diesen ersten Blick ungeheuer groß. Ich habe den Eindruck, dass sie alle ihr Kirchesein leben, mit ihren Gaben, ihrer Leidenschaft, ihrer Verantwortung. Beeindruckend. Der Begriff des Ehrenamts passt hier überhaupt nicht: Es geht nicht um die Ehre einiger im Gegensatz zu allen anderen – es geht hier offensichtlich um die konstitutive Dienstorientierung des Christseins überhaupt.

Der Pfarrer und seine Kapläne – das sind hier „Hauptamtliche". Die entscheidende Frage ist auch bei ihnen: Wie gestaltet sich ihre sakramentale Aufgabe, wie werden ihre professionellen Dienste verstanden? Es lässt sich unter den Stichworten „Dienst an der Einheit", „orientierende Führung", „Ermöglichung und Fortbildung", „Verkündigung und Heiligung" gut fassen: Kirche, das ist das Gottesvolk, mit seinen Gaben und Talenten, in dessen Dienst einige stehen, die ermöglichen, dass alles zur Entfaltung kommt.

Erfahrungen in Poitiers

„Lieber Bischof Rouet, wir möchten Ihnen eine Frage stellen. Sie haben in den vergangenen Jahrzehnten das Entstehen örtlicher Gemeinden ermöglicht und gefördert, die ganz in der Verantwortung von Christinnen und Christen vor Ort sind. In den vergangenen Jahrzehnten sind mehr als 300 gewachsen. Was würden Sie sagen, wenn in der kommenden Nacht eine Fee käme, um Wünsche zu erfüllen. Und am kommenden Tag würden vor ihrer Tür 100 neue pastorale Mitarbeiter stehen – und die Lastwagen voller Geld, um sie bezahlen zu können", so fragte am Ende unserer Erkundungsreise einer unserer Gemeindeberater. Spontan die Antwort von Rouet: „Das hat alle Kennzeichen einer Versuchung. Das würde ja heißen, dass wir all das nur aus Not gemacht hätten – aber das ist gar nicht so: Wir haben hier in neuer Weise Kirche entdeckt, die Würde der Taufberufung, die Gaben der Getauften und ihre Verantwortung für die Kirche." Wenn man – wie

27

ich im Sommer 2014 – in der Pfarrei von André Talbot nahe Poitiers ist und mit ihm und der ganzen Pfarrei die bischöfliche Neugründung einer Pfarrei feiern darf, die aus vier „lokalen Gemeinschaften" besteht, dann wird deutlich, dass die uns bekannte klassische Konfiguration „Hauptamtliche – Ehrenamtliche" hier nicht greift. Der Zugang zur Erfahrung der örtlichen Gemeinden ist das Volk Gottes, das durch die Taufe Kirche vor Ort geworden ist. Im Kontext der gelebten Beziehung will das Reich Gottes erfahrbar werden, in der „proximité", der Nähe. So wächst eine gemeinsame örtliche Verantwortung. Aber auch hier wird schon im Begriff deutlich, dass sich diese Verantwortung nicht mit dem Begriff des Ehrenamtes erschließt. Es entstehen „équipes d'animation": Menschen übernehmen die Verantwortung dafür, dass das Tun und Handeln aller, die mitwirken, beseelt ist von der Vision des Reiches Gottes – in jedem konkreten Handlungsbereich. Und es wächst eine Praxis des „Rufens": Menschen werden in den Dienst der Verantwortung für verschiedene Dienste „gerufen" durch die Gemeinschaft der Gläubigen, die ihnen das zutraut – und werden begleitet und gefördert durch das Team des Pfarrers und seiner Mitarbeiter. Die Kirche lebt aus dem Netz der Beziehungen der Nähe, in der sich die Begabungen zeigen und sich durch das Rufen verwirklichen können. Es wird deutlich, dass diese Kultur wechselseitigen Rufens aus einer tiefen Gemeinschaft wächst, an der alle Anteil haben können. Dass nach drei, spätestens sechs Jahren je neue Personen für diese Dienste gefunden werden wollen, macht noch einmal deutlich, dass der Dienst an und für die anderen keine Statik schafft, sondern eine Dynamik im Entdecken und Einbringen der Charismen hervorruft, aus der die örtlichen Gemeinden leben. Verantwortlich für die Begleitung und für das Wachsen dieser Gemeinschaft und ihrer Dienste ist das Team des Pfarrers und seiner MitarbeiterInnen.

Und in Deutschland?

Die strukturellen Veränderungen und die Bildung größerer Pfarreien lassen die Fragen nach dem Verhältnis von Hauptamtlichen und Ehrenamtlichen neu stellen. Und das äußert sich ganz praktisch:

Wenn und solange etwa die Perspektive vorherrscht, dass Kirche sich vor allem als Institution der Versorgung von Gläubigen versteht, dann kann leicht die Logik vorherrschen, dass (einige wenige – immer gleiche) Ehrenamtliche nun Ersatz – und zwar unbezahlter Ersatz – für nicht mehr vorhandene Hauptberufliche sein könnten. In einer Kirche, die sich von (professioneller und) normativer Aufgabenorientierung leiten lässt, erfahren „Ehrenamtliche" eine doppelte Schwierigkeit: Sie werden zuweilen bis über die Maßen „ausgenutzt", und viele Christen erleben sich durch viele Aufgaben bis an den Rand gefordert. Sie spüren – zugleich – die Verpflichtung, dass diese Aufgaben auch erledigt werden, damit die Gemeindewirklichkeit, die sie kennen und lieben, erhalten bleibt. Wer sich leidenschaftlich engagiert, möchte seine Kompetenzen einbringen und weiterentwickeln. Und umgekehrt werden Menschen gesucht, die ihre Gaben und Charismen einbringen: Charismenorientierung heißt das neue und vielleicht etwas verführerische Zauberwort neuer Ehrenamtlichenorientierung, die aber dann zur Versuchung werden kann, sollte es denn nur darum gehen, die bisherige Gestalt kirchlichen Lebens und ihre untergründige Ekklesiologie zu bewahren.[1]

Denn die Frage nach einem neuen Miteinander von Haupt- und Ehrenamtlichkeit ist untergründig ein Ausdruck des Ungenügens über ein Kirchenverständnis, das sich eigentlich als vorkonziliar wider Willen zeigt: In dem Augenblick nämlich, wo durch Restrukturierungen größere pastorale Räume entstehen, und in dem Augenblick, wo klar wird, dass größere pastorale Räume nicht zu einer größeren Zentralisierung führen sollen, weil das Leben der Kirche vor Ort wichtig bleiben soll, brechen merkwürdige Fragen auf: Sollten Christen und Christinnen vor Ort Verantwortung wahrnehmen, entstehen dann nicht Konkurrenzen zum sakramentalen Leitungsdienst des Pfarrers? Stehen wir vor einer freikirchlichen Entwicklung der katholischen Kirche? Welche Kompetenzen hat wer? Solange so gefragt wird, werden Konkurrenzmodelle sichtbar, die ihrerseits im Hintergrund von

---

1 Vgl. hierzu ausführlich G. Viecens, Ad Experimentum – Charismen als wesentlicher Baustein einer lokalen Kirchenentwicklung, in: V. Dessoy, G. Lames, M. Lätzel, C. Hennecke (Hg.), Gesellschaft und Kirche, Band 4: Kirchenentwicklung, Trier 2015, S. 437–444.

einem klassischen „pyramidalen" Oben-Unten ausgehen und Hierarchien konstruieren, die ihre zweifelhafte theologische Herkunft nur zu deutlich verraten. Das Gefälle von Priestern, Hauptberuflichen, Ehrenamtlichen hin zum Volk Gottes ist die neue Pyramide – die dann auch zur Frage der Konkurrenz wird: Müssten engagierte Christinnen vor Ort nicht entlohnt werden? Was unterscheidet eigentlich das Engagement Ehrenamtlicher von dem Beruf einer Gemeindereferentin? Fragen, die sich übrigens auch im evangelischen Kontext stellen. Macht, Kompetenz, Professionalität – das sind die schwierigen Gestaltungsfragen, die sich zunehmend ergeben. Sie betreffen das gesamte Gefüge der Beziehungen zwischen Priestern und hauptberuflichen Laien und „ihren" Ehrenamtlichen. Und es wiederholen sich merkwürdige Erfahrungen: Schwierig wird es zum Beispiel, wenn Schlüssel an alle Beteiligten vergeben werden sollen, oder: es werden nicht mehr alle Fortbildungen bezahlt – kleine Machtkämpfe finden statt.

Eine unglückliche Terminologie eines unglücklichen Kirchenbildes

Die Rede von Ehrenamtlichen und Hauptamtlichen ist gewohnt, aber unglücklich. Sie reflektiert faktisch eine ganz bestimmte Kirchengestalt und fokussiert auf eine klassische Versorgungskirche. Die institutionelle Grundperspektive hat sich nach dem Konzil weiterentwickelt hin zu einer Dienstleistungskirche, die hoch professionelle Dienste anbietet. Von hierher versteht man das Gefälle, das sich von beanspruchten professionellen Diensten her ergibt – und auch von der Problematik und den Konkurrenzen, die sich ergeben können, wenn „Ehrenamtliche" Dienste anbieten. Nicht selten wird dieses Kirchenbild als Weiterentwicklung einer hierarchischen Kirche verstanden. Dann ist mit dem Wort „Kirche" der institutionelle Kern gemeint. Man geht dann zur Kirche, ist im Grunde ihr „Kunde" und kann aufgrund finanzieller Leistungen bestimmte Dienste abrufen. Mithin wechselt dann ein Ehrenamtlicher, der sich in dieser Kirchengestalt engagiert, die Seiten: Er oder sie wird „Dienstleister" gegenüber denen, die diese Dienste brauchen – Kirchenmusik, Katechese, Putzen der Kirche, Blumengestalterinnen, BeerdigungsleiterInnen usw.

Eine Pastoral der Dienstleistungen schreibt das Programm einer Versorgungskirche unter modernen und auch postmodernen Bedingungen weiter: Hauptberufliche Pastoralarbeit, freiwilliges Engagement und auch professionell gemanagtes Ehrenamt schreiben eine institutionelle Engführung fort. Eine Kirche der Versorgung für das Volk Gottes, das „zur Kirche geht", Passageriten und sakramentale Riten in Anspruch nimmt. Dienst wird zum Marktangebot. Das Verhältnis von Haupt- und Ehrenamt wird in diesem Kontext oft auch problematisch, weil es letztlich um eine Professionalitätshierarchie geht. Dabei gerät das sakramentale Amt – hauptamtlich oder nebenamtlich – unter Druck: Es lässt sich schwer erklären, wieso hier die eigentliche Verantwortung für das ganze Leben der Kirche liegen soll.

Um das Verhältnis von Haupt- und Ehrenamt zu beschreiben, wird von kooperativen Pastoralteams gesprochen. Hier findet – möglichst auf einer teamorientierten Basis – die Planung und Aufteilung der Aufgaben statt. Ein gutes Team ist auch geschwisterlich und eine geistliche Wirklichkeit, aber immer noch herrscht der Gedanke vor, dass dieses Team – unter der Leitung des Priesters – für andere sorgt. In der Tat: die Rede von Haupt- wie Ehrenamt legt eine solche Perspektive nahe.

Und das ist tatsächlich eine unglückliche Perspektive. Denn sie lässt gerade im deutschsprachigen Raum den Horizont der Gemeinschaft vermissen. Kirche als Institution dominiert als Versorgungseinrichtung den Blick. Ihr gegenüber stehen die Einzelnen, die individuellen Kunden – aber auch die neuen Ehrenamtlichen, die zu umwerben sind, damit sie auch den Dienst der Kirche an den Menschen vollziehen.

Diese Perspektive aber wird dem Entwicklungsschub einer nachvatikanischen Ekklesiopraxis nicht gerecht. Sie gilt es nun, konstruktiv für die Frage nach dem Verhältnis von Haupt- und Ehrenamt fruchtbar werden zu lassen.

Neu hinschauen: vom Volk Gottes her denken

Das II. Vatikanische Konzil hat seit den 60er-Jahren in allen Kontinenten eine Bewegung ausgelöst, die das uns gewohnte Kirchenverständnis auf den Kopf stellt, oder besser: die es auf die Füße stellt. Gedacht wird die Kirche als Volk Gottes auf dem Weg, als Gemeinschaft der Getauften, die sich lokal als kleine kirchliche Gemeinschaft in einem pfarrlichen Netzwerk zeigt. Die asiatischen Bischöfe formulierten 1990 in Bandung/Indonesien ihre Leitvision in diesem Sinne: „Die Kirche wird eine Gemeinschaft von Gemeinschaften sein, wo Klerus, Laien und Ordensleute einander als Brüder und Schwestern anerkennen. Sie sind gemeinsam versammelt und vereinigt um das Wort Gottes. Dabei teilen sie miteinander die frohe Botschaft und entdecken Gottes Wille für sich in ihrem unmittelbaren Lebensumfeld. Sie unterstützen sich gegenseitig in ihrem täglichen Leben. Es ist eine partizipierende Kirche, wo die Gaben und Charismen erkannt und aktiviert werden, um den Leib Christi aufzubauen, die Kirche in der Nachbarschaft."

Aus dieser Perspektive heraus wird ein neuer Blick auf unsere Leitfrage möglich, der die Frage nach Hauptamt und Ehrenamt neu erschließt und wahrscheinlich auch in neue Kategorien und neue Begriffe fassen kann. Die skizzierten Erfahrungen aus Mexiko und Frankreich machen deutlich, dass der Ausgangspunkt des Nachdenkens eine gelebte Communio ist: jener eucharistisch gegründete Leib Christi, in dem das Miteinander von Gaben und Charismen zum Weiterwachsen der Wirklichkeit der Kirche und damit der Gegenwart Christi unter den Menschen führt. Im Epheserbrief wird diese Logik entfaltet: „Seid demütig, friedfertig und geduldig, ertragt einander in Liebe und bemüht euch, die Einheit des Geistes zu wahren durch den Frieden, der euch zusammenhält. *Ein* Leib und *ein* Geist, wie euch durch eure Berufung auch *eine* gemeinsame Hoffnung gegeben ist; *ein* Herr, *ein* Glaube, *eine* Taufe, *ein* Gott und Vater aller, der über allem und durch alles und in allem ist. Aber jeder von uns empfing die Gnade in dem Maß, wie Christus sie ihm geschenkt hat. Deshalb heißt es: Er stieg hinauf zur Höhe und erbeutete Gefangene, er gab den Menschen Geschenke. Wenn er aber hinaufstieg, was bedeutet dies anderes, als dass er auch zur Erde herabstieg? Derselbe, der herabstieg, ist auch hinaufgestiegen bis zum höchsten Himmel, um das All zu beherrschen. Und er gab den einen das Apostelamt, andere setzte er als Propheten ein, andere als Evangelisten, andere als Hirten und Lehrer, um die Heiligen für die Erfüllung ihres Dienstes zu rüsten, für den Aufbau des Leibes Christi. So sollen wir alle zur Einheit im Glauben und in der Erkenntnis des Sohnes Gottes gelangen, damit wir zum vollkommenen Menschen werden und Christus in seiner vollendeten Gestalt darstellen" (Eph 4,2–13).

Die Einheit des Leibes, die gelebte Communio, die selbst Geschenk und nicht Ergebnis christlicher Tugend ist, wird der Wirkraum, in dem und aus dem sich die Gaben und Talente aller als Geschenk, als Charisma „zum Nutzen aller" entfalten können: „Es gibt verschiedene Gnadengaben, aber nur den einen Geist. Es gibt verschiedene Dienste, aber nur den einen Herrn. Es gibt verschiedene Kräfte, die wirken, aber nur den einen Gott: Er bewirkt alles in allen. Jedem aber wird die Offenbarung des Geistes geschenkt, damit sie anderen nützt", formuliert der 1. Korintherbrief.

Keine Rede von Haupt- und Ehrenamt, dafür aber die Perspektive eines Volkes, in dem der eine Geist zu einer Gemeinschaft des Miteinanders führt, in der erst alle Gaben entfaltet werden können. Kirche ist hier nicht Institution der Versorgung, sondern lebendiges Miteinander – ein lebendiges Miteinander der Gaben, die ein Zeugnis sind für die Gegenwart Christi, die Gegenwart hingebender Liebe in der Welt. Die Beschreibungen des Epheserbriefs und des Korintherbriefs sind ja in der Tat eucharistisch vom Leib Christi und seiner Sendungsdynamik geprägt. Denn die Hingabe für die Seinen und die Teilgabe an seinem Leben führen ja gerade dazu, dass die Dynamik des Leibes, der Kirche, von der Weiterführung der Sendung bestimmt ist. „Christus in seiner vollendeten Gestalt" ist doch eben jene des Gekreuzigten, also des „Menschen für andere" (Bonhoeffer). In dieser Logik dienen die Gaben aller eben nicht zu einem gelingenden Leben nach innen, sondern zur Ausprägung jener Hingabe an alle.

Das fokussiert die Rede von den Charismen noch einmal: Es geht eben nicht um die Bestandsentwicklung einer in sich ruhenden

Gemeinschaft, sondern um das vitale Wachstum in der Sendung. Von daher sind auch die Charismen und Gaben, das Engagement und die Leidenschaft noch einmal neu in den Blick zu nehmen. Zugleich setzt die Rede von den Charismen eine Kultur und eine Spiritualität wechselseitiger Partizipation voraus. Erst dann werden ja aus Gaben Charismen, die wirklich dem Aufbau einer sendungsorientierten Gemeinschaft dienen. Und hier wird deutlich, dass es in der Tat – wie in Poitiers – eine Kultur und Praxis des Rufens braucht: Der Weg der Gemeinschaft, ihre Sendung und ihr Zeugnis eröffnen im wechselseitigen Erkennen die Gaben der vielen, die teilhaben – und diese können so „pro-voziert", also hervorgerufen werden und in den Dienst gestellt die Sendung verwirklichen.

Gleichzeitig macht diese Perspektive noch einmal deutlich: Wenn die Kirche sich als die Gemeinschaft des Volkes an einem bestimmten Ort ausprägt, dann wird die Frage nach den Charismen und Gaben der Einzelnen einerseits bestimmt durch die Sendung und den Dienst an „Freude und Hoffnung, Trauer und Angst der Menschen, besonders der Armen und Bedrängten jedweder Art" (Gaudium et spes 1), zugleich wird auch deutlich, dass hier die Kirche nicht abstrakt Gemeinschaft sein kann und darf, sondern ein umfassendes Beziehungsnetz ist und sein muss, damit die Gaben aller auch ins Licht rücken können. Von daher ergibt sich also die Notwendigkeit ekklesialer Basisgemeinschaften und Formen kirchlichen Lebens jedweder Art, die nicht als Institution, sondern als Lebensvollzug maximale Partizipation eröffnen.

Der Begriff des Ehrenamtlichen ist in diesem Kirchenverständnis obsolet, denn es geht ja darum, Kirche zu sein und als Kirche – in den vielen Diensten – den Menschen zu dienen. Und diese gemeinschaftliche Aufgabe, die sich dann in aller Verschiedenheit der Gaben in der einen Sendung verwirklicht, ist Sache aller Beteiligten …

Haupt-amt!

In einer solchen Gestalt des Kircheseins, in der in wechselseitiger Verbundenheit das Volk sich in immer neuen Gestalten formt und entwickelt, in der also das Werden der Kirche aus seiner Sendung heraus vielfältigste, auch provisorische Formen annimmt, stellt sich die Frage, welche Aufgabe jenen zukommt, die einen „hauptamtlichen Dienst" wahrnehmen. Es lohnt sich, mit dieser Perspektive einmal in das Konzil hineinzuhören. Programmatisch formuliert Lumen Gentium 18: „Um Gottes Volk zu weiden und immerfort zu mehren, hat Christus der Herr in seiner Kirche verschiedene Dienstämter eingesetzt, die auf das Wohl des ganzen Leibes ausgerichtet sind. Denn die Amtsträger, die mit heiliger Vollmacht ausgestattet sind, stehen im Dienste ihrer Brüder, damit alle, die zum Volke Gottes gehören und sich daher der wahren Würde eines Christen erfreuen, in freier und geordneter Weise sich auf das nämliche Ziel hin ausstrecken und so zum Heile gelangen."

Die Dienstämter, von denen hier die Rede ist, sind jene – sakramentalen – Dienste, die dazu führen sollen, dass alle Christen zum Heil gelangen. Damit führt das Konzil die Umformatierung der Ekklesiologie konsequent fort. Das sakramentale Dienst-Amt steht ja für Christus, der das bleibende Haupt seiner Kirche ist. Insofern kann man natürlich theologisch von einem Haupt-amt sprechen, insofern der Dienst der Verkündigung, der Feier der Geheimnisse und der Leitung vom Konzil so gefasst sind, dass es hier nicht um die Macht der Amtsträger über das Volk geht, sondern um jenes Tun, das Christus gegenwärtig sein lässt in Wort, in Sakrament und Leitung. Alle jene, die vom Bischof zum Dienst gesandt sind – Priester, in anderer Weise Pastoral- und Gemeindereferenten –, stehen für diese Aufgabe, „die Heiligen für die Erfüllung ihres Dienstes zu rüsten, für den Aufbau des Leibes Christi", wie der Epheserbrief formuliert. Das bedeutet dann konkret auch, dass ein Hauptakzent all jener haupt-amtlichen Dienste in der Ermöglichung des Lebens aller Getauften liegt: dass sie durch das Wort genährt, durch die Sakramente gestärkt in ihren Aufgaben und Diensten so geeint die Sendung der Kirche leben und erfüllen. Es verwundert nicht, dass für diese Aufgaben in den kirchlichen Entwicklungsprozessen Worte wie „enabler" (Befähiger) oder „facilitator" (Ermöglicher) oder „animator" (Impulsgeber) gefunden wurden. In allem wird aber deutlich, dass das Verhältnis von amtlichem Dienst und charismatischer Taufwürde wesentlich (LG 10 spricht von einem nicht graduellen, sondern wesentlichen Unterschied) als Dienst am und im Volk Gottes zu beschreiben ist. Das ist sein Sinn. Dabei gehört es zu einem wesentlichen Merkmal dieses Dienstes, die Communio zu bezeugen, in der Christus gegenwärtig sein kann und so Er als der erfahrbar wird, der das Wort spricht, der sich verschenkt und sein Volk leitet. Theologisch drückt sich dies – mindestens in der Theorie – in der Lehre vom Presbyterium aus: Jede Sendung im Dienst an einer konkreten Gemeinschaft des Volkes Gottes erwächst aus der Communio mit dem Bischof und der Gesandten untereinander. Die grundlegende Geschwisterlichkeit im ganzen Volk Gottes, die der Glaubhaftigkeit seiner Sendung dient, wird durch jene immer wieder in Erinnerung gebracht und ermöglicht, die „zum Dienst in der Kirche bestellt sind", wie es das eucharistische Hochgebet treffend ausdrückt.

Die Antwort auf die Frage nach dem Verhältnis von Haupt- und Ehrenamt hat uns also zum einen in eine neue Kirchenwirklichkeit geführt. Aus der Perspektive des Volkes Gottes heraus wird man sagen dürfen, dass die Grundrelation aller die Geschwisterlichkeit ist, dass aber diese Geschwisterlichkeit sich auszeitigt im Dienst der hauptamtlich Gesandten am ganzen Leib Christi.

Christian Hennecke

„Traditionelles" und „neues" Ehrenamt

Der Strukturwandel des freiwilligen Engagements

Die gute Nachricht zuerst: Die Bereitschaft und das Interesse, sich freiwillig und unentgeltlich zu engagieren, ist nach wie vor ungebrochen hoch – Untersuchungen der Freiwilligensurveys der Bundesregierung von 1999, 2004, 2009[1] und aktuelle kirchliche Befragungen bestätigen, dass der Trend, sich unter bestimmten Rahmenbedingungen zu engagieren, in der Gesellschaft und auch in der Kirche anhält. Der Eindruck, das Ehrenamt befinde sich im Niedergang oder bereits in einer existentiellen Krise, lässt sich nach heutigem Forschungsstand nicht bestätigen.

Dabei findet sich der Bereich „Kirche und Religion" neben „Sport und Bewegung" und „Schule/Kindergarten" im oberen Bereich wieder und spielt somit in der „Champions League" des ehrenamtlichen Engagements immer noch eine bedeutende Rolle. Auf den ersten Blick scheint diese Erkenntnis ein Widerspruch, fast schon eine Provokation zu den Erfahrungen und Eindrücken vor Ort in den Kirchengemeinden oder bei den kirchlichen Einrichtungen und Organisationen zu sein. Dort ist die Wahrnehmung meist eine andere. So sind folgende oder ähnliche Klagen öfter zu hören: „Uns gehen die Leute aus, der Nachwuchs fehlt." „Es sind immer die Gleichen, die da sind. Wir finden keine neuen Mitarbeiter/innen." „Wir sind überaltert und machen uns Sorgen um die Zukunft", oder: „Bei uns gibt es viel Engagement, aber letztendlich wird dies nur von einer kleinen Gruppe getragen." „Wie können wir wieder neue Leute gewinnen, um das vielfältige Engagement aufrechtzuerhalten?" Diese Aufzählung ließe sich

---

1 BMFSFJ (Hg.) (2010): TNS Infratest Sozialforschung; Hauptbericht des Freiwilligensurveys 2009. Zivilgesellschaft, soziales Kapital und freiwilliges Engagement in Deutschland 1999–2004–2009.

sicher beliebig fortführen. Aufgaben, Veranstaltungen oder sonstige Aktivitäten sollen eben weiter wie bisher durchgeführt werden, aber es finden sich immer weniger Bereitwillige dafür.

Man muss nicht lange drum herum reden, vor Ort wird das ehrenamtliche Engagement als krisenhaft und oftmals als frustrierend erlebt. Von einer positiven Stimmung ist wenig zu spüren. Im Gegenteil, neuere Entwicklungen werden eher als Bedrohung wahrgenommen und es wird von einer „Krise des Ehrenamts" gesprochen. Wenn jedoch Krise die Erfahrung meint, dass man spürt, es kann nicht mehr weitergehen wie bisher, dann ist das letztendlich auch gut so. So scheint es sicher sinn- und wertvoll zu sein, gerade auch im kirchlichen Kontext, sich intensiv und verantwortungsbewusst mit dem sogenannten Strukturwandel des Ehrenamts näher auseinanderzusetzen, schrittweise Konsequenzen zu ziehen und entsprechende Maßnahmen zu entwickeln. Ein übereilter Aktionismus ist dabei allerdings nicht wirklich zielführend.

Das „neue" Ehrenamt

Seit nunmehr fünfzehn Jahren wird vom „Strukturwandel des Ehrenamts" gesprochen. Menschen engagieren sich zunehmend auch aus selbstbezogenen und eigennützigen Motiven. Sie verfolgen stärker den Wunsch nach Selbstverwirklichung und Gemeinschaft und binden sich dabei offenbar weniger langfristig an feste Strukturen wie Vereine oder Verbände. Stattdessen bevorzugen sie häufiger zeitlich begrenzte Aufgaben, Themen und Projekte.

Dabei wird oftmals von einem sogenannten „neuen" Ehrenamt gesprochen, das sich skizzenhaft folgendermaßen darstellen lässt:
- Von einem traditionellen Pflichtbewusstsein zu einer selbstbestimmten Aufgabe
- Von einem langfristigen und dauerhaften Engagement zu einer zeitlich begrenzten Aufgabe oder einem zeitlich überschaubaren Projekt
- Von einem hohen Dienst- und Verpflichtungsgefühl für die Trägerinstitution zur biografischen und persönlichen Passung

- Von der hierarchischen Ordnung zum demokratischen Prinzip
- Von der Übertragung einer hoheitlichen Aufgabe zur eigenen Erfahrung und Betroffenheit
- Vom folgsamen Beteiligten und Hilfsdiener zum anerkannten und gleichwertigen Akteur
- Vom selbstlosen Dienst für den anderen zum eigennützigen Engagement
- Von der Dazugehörigkeit zur situativen, temporären Partizipation
- Vom einsamen Dienst zum sozialen Gemeinschaftserlebnis
- Von der homogenen Gruppe zur heterogenen Gruppe
- Vom geschlossenen System zur Öffnung und zum Netzwerk

Selbstbestimmt

Es wird deutlich: Das ehrenamtliche Engagement befindet sich nicht grundlegend in einer Krise, sondern es findet vielmehr ein Strukturwandel statt, der mit dem gesellschaftlichen Wandel konform geht.

In unserer sogenannten individualisierten und pluralen Gesellschaft wird dem einzelnen Menschen ein viel höherer Stellenwert beigemessen als früher. Er entscheidet eigenständig, selbstbestimmt und „selbst handelnd". Die persönliche Entwicklung des Einzelnen, wie er sich entfaltet und selbst verwirklicht, steht im Mittelpunkt. Von vielen Deutungs- und Sinnangeboten umgeben und mit einer großen kulturellen und religiösen Vielfalt konfrontiert, bleibt ihm fast keine andere Wahl. Lebensentwürfe entstehen, die sich auch im Widerspruch zu bisherigen Konventionen entwickeln. In diesem Gesellschaftssystem werden auch religiöse Praktiken in die Freiheit des Einzelnen gegeben und folgen damit nur vielen anderen, ehemals der Entscheidungsfreiheit des Individuums entzogenen Praktiken, etwa der Orts-, Kleidungs-, Berufs- oder Partnerwahl. Kurzum, die globalen und pluralen Realitäten sind gegenwärtig und fordern uns fast täglich heraus, ständig neue Entscheidungen zu treffen, sich in einer rasant veränderten Welt zurechtzufinden und im bunten Markt der Möglichkeiten nicht unterzugehen.

Partizipativ

Der moderne Mensch will heutzutage nicht mehr nur die Zuschauerrolle übernehmen, sondern selbst entscheiden und bestimmen. Prof. Matthias Sellmann drückt dies folgendermaßen aus: „Der Hauptimpuls moderner Selbst- und Kulturgestaltung liegt darin, dass man als moderne Bürgerin und Bürger prinzipiell nicht mehr akzeptiert, im gesellschaftlichen Wandel nur eine Zuschauerrolle zugewiesen zu bekommen. Vielmehr fordern wir immer eines selbstverständlicher ein: die Autorenschaft über das eigene Leben. Wir sind Unternehmerinnen und Unternehmer, wir sind Regisseure unserer eigenen Biografie. Wir lassen uns von keinem Arzt, Rechtsanwalt, Professor, Schauspieler oder Millionär mehr in die Rolle der gehorsamen Bewunderer bringen. Wer als Organisation den Eindruck aufkommen lässt, man sei so sakrosankt, dass man auf den produktiven Einbezug der Vielen verzichten könne, der wird gesellschaftlich denn auch wie ein Autist behandelt und bestenfalls als skurriler Sonderling in seine Folklore-Ecke gestellt. Unser Verdacht wächst, wo man Pluralität verweigert und keine Auswahl von Beteiligungsstrukturen bietet."[2]

In diesem Zusammenhang spricht er auch von einer grundlegend partizipativen Architektur des modernen Lebens.

Gesellschaftliche Modernisierungstrends wie die Individualisierung von Lebensstilen, der Einfluss der neuen Medien, die stärkere Mobilität und berufliche Flexibilität der Menschen, die voranschreitende Globalisierung und die Veränderungen in der Arbeitswelt wirken sich somit deutlich auf das ehrenamtliche Engagement aus.

Ebenfalls klar auf der Hand liegen die Folgen des demografischen Wandels. Hinzu kommen die Auswirkungen veränderter Geschlechterrollen sowie der Bildungsreformen der letzten Jahre. Die Zahl der jungen Menschen nimmt ab. Ihre Zeit für ehrenamtliches Engagement unterliegt auch den schwierigen Bedingungen verkürzter und verdichteter Schul- und Ausbildungszeiten. Frauen sind zu einem großen und weiter wachsenden Teil berufstätig. Im Vergleich zu früher müssen sie

---

2   Prof. Dr. Matthias Sellmann, unveröffentlichter Vortrag, Ehrenamtskongress Diözese Rottenburg-Stuttgart, November 2014.

vermehrt Familie, Job und Engagement miteinander vereinbaren. Sie sind nicht länger die stillen Helferinnen im Hintergrund.

Im Zusammenhang mit dem „neuen" Ehrenamt wird auch der Ruf nach Anerkennung laut und zwar nicht nur ideeller, sondern auch persönlichkeitsbildender Art, beispielsweise nach mehr Begleitung, Unterstützung, Supervision, Fort- und Weiterbildung, Haftpflichtversicherung, Aufwandsentschädigung, klare Rahmenbedingungen, Freistellung von der Arbeit und Berücksichtigung bei Bewerbungen. Es bestehen Erwartungen an Anerkennung verschiedener Art.

In den hier in aller Kürze und ohne Anspruch auf Vollständigkeit dargestellten gesellschaftlichen Entwicklungen und dem damit einhergehenden Strukturwandel des Ehrenamts liegen Risiken wie auch Chancen auch für das kirchliche Engagement.

Die Diözese Rottenburg-Stuttgart hat im Jahr 2013 aufgrund dieser veränderten Voraussetzungen und den damit verbundenen Herausforderungen eine Ehrenamtsstudie durchgeführt[3]. Über 800 Personen wurden zu ihrem ehrenamtlichen Engagement befragt. Laut dieser Studie sind das Bedürfnis und die Bereitschaft, eine ehrenamtliche Aufgabe zu übernehmen, ungebrochen hoch. Nach wie vor hat das Ehrenamt im kirchlichen Bereich eine besondere Stellung.

Doch auch hier geht der allgemeine Trend weg vom Dauerengagement in einer dienenden Funktion. Bevorzugt werden kürzere, unverbindlichere Engagementformen in sinnvoll erlebter anspruchsvoller Tätigkeit.

Selbstverwirklichung, Eigenverantwortung, Selbstverpflichtung, gute soziale Einbindung und Teilhabe an Entscheidungsprozessen, Vielseitigkeit und Erlebnisreichtum sind wichtige Merkmale eines zeitgemäßen attraktiven Ehrenamtes. So orientiert sich auch das heutige kirchliche Engagement nicht mehr in erster Linie an vorgefundenen Aufgabenfeldern oder auch nur zum Wohle der Institution, sondern folgt mindestens in gleichem Maße individuellen Interessen und persönlichen sinnvollen Vorstellungen.

---

3   PRAGMA-Studie (2014), Ehrenamt in der Diözese Rottenburg-Stuttgart, Diözese Rottenburg-Stuttgart (Hg.).

Gerade auch ehrenamtliche Menschen in der Kirche verstehen sich immer weniger als „Lückenbüßer", sondern möchten als gleichwertige Mitarbeiter und Mitarbeiterinnen anerkannt, eingebunden und wertgeschätzt werden. Sie haben keine Lust mehr, Entscheidungen umzusetzen, die von anderen, auch den Hauptamtlichen, getroffen wurden. Mitbestimmen, mitentscheiden und mitgestalten sind zentrale Triebfedern zum Engagement. Ehrenamtliche, die ohne Einfluss auf Inhalte und Gestaltung der Arbeit alles tun und die über einen langen Zeitraum hinweg viel Zeit investieren, werden auch hier immer weniger.

Weitere wichtige Motivationsfaktoren sind laut Studie Spaß sowie Gemeinschaftserleben, Sinnfindung, aber auch religiöse Motive. Fort- und Weiterbildungsmöglichkeiten werden als integraler Bestandteil des Ehrenamts gewünscht.

Die Anerkennungskultur im kirchlichen Ehrenamt ist größtenteils von „allgemeinem Dank" geprägt. Dass dies den meisten Engagierten nicht unbedingt genügt, zeigt der weit verbreitete Wunsch nach einer individualisierten Form der Anerkennung. Dabei geht es der Mehrheit nicht um monetäre Anerkennung, sondern um eine ernstgemeinte Wertschätzungskultur.

Die Ehrenamtsstudie lässt erkennen, dass das ehrenamtliche Engagement in der Kirche für viele Menschen immer noch ein alltäglicher und sinnstiftender Bestandteil des Lebens ist, eine Quelle der Lebensfreude und ein Zeugnis des Glaubens. Es wird aber auch deutlich, dass der Strukturwandel auch hier angekommen ist. Ein offenes, vielfältiges und dialogisches Ehrenamt kann als nachhaltiges und weithin sichtbares Signal für eine offene Kirche verstanden werden.

Kein Grund zur Klage, aber auch kein „Weiter so!"

Zuerst einmal sollte der Strukturwandel des Ehrenamts kein Grund zur Klage oder Resignation sein. Sicher stellt es Organisationen und Institutionen wie die Kirche vor große Herausforderungen und bedeutet eine enorme Umstellung. Sie werden mit der Frage konfrontiert, ob ihre Strukturen, ihre Beteiligungsmöglichkeiten, ihre Angebote des Mitmachens bis hin zum Selbstverständnis noch zeitgemäß sind und ob sie den Bedürfnissen der neuen Engagierten gerecht werden. Es stellt sich außerdem die Frage, was mit den Bereichen und Tätigkeiten des „alten" oder besser des „traditionellen" Ehrenamts geschehen soll, welche von den „neuen" Ehrenamtlichen nicht mehr übernommen werden wollen.

Bei aller kritischen und notwendig differenzierten Auseinandersetzung mit den Errungenschaften und Entwicklungen der Moderne (was an dieser Stelle nicht Thema sein wird und kann), geht es letztendlich auch darum, sich verantwortungsbewusst und offen dem Strukturwandel zu stellen und auf die damit einhergehenden Veränderungen zu reagieren, diese mitzuentwickeln und Gestaltungsspielräume zu eröffnen.

Warum nicht mit Lust und Kreativität sich den Herausforderungen stellen und sich von der Dynamik und dem Impuls anstecken lassen, wenn Menschen partizipativ und selbstbestimmt sich engagieren wollen? Warum nicht das Potential erschließen, wenn Männer und Frauen, Kinder und Jugendliche eine sinnvolle Tätigkeit suchen – auch wenn es nur zeitlich begrenzt ist? Warum nicht individuelle und biografisch bedingte Bedürfnisse aufspüren und bei der Glücksuche des modernen Subjekts assistieren? Warum nicht das Kraftfeld aller Getauften wahrnehmen und den Horizont weiten? Warum einfach einmal nicht an die zu erledigende Aufgabe denken, sondern den Menschen mit seinem Charisma, seinem Bedürfnis und seiner Suche nach einer sinnvollen Tätigkeit ernst nehmen? Warum nicht einfach damit an einem Ort beginnen?

Kirchliches Ehrenamt braucht kommunikative Leuchttürme. Eine stärkere Förderung von Experimentierräumen und -freiheiten ist wünschenswert. Nicht alles, was erprobt wird, ist gut. Aber es ist gut, dass vieles erprobt wird. Ein „Weiter so" wird eine personelle Ausdünnung des kirchlichen Ehrenamts auf allen Ebenen und in den meisten Engagementbereichen zur Folge haben. Die Menschen für ein kirchliches Ehrenamt zu begeistern, ist derzeit weitgehend noch von Zufällen bestimmt. Dies sollte zukünftig in den einzelnen Bereichen deutlich systematischer erfolgen.

Dabei erscheint eine Trennung von traditionellem Ehrenamt und neuen Engagementformen weder organisatorisch möglich noch langfristig erfolgreich. Vielmehr sollten Vernetzungen zwischen beiden Formen gefunden werden, um Synergien zu nutzen. Das klassische Ehrenamt braucht nach wie vor Entfaltungsraum in der Kirche und ist integraler Bestandteil kirchlicher Ehrenamtskultur. Für das klassische Ehrenamt muss weiterhin Raum vorhanden sein, denn es stellt für traditionelle Gruppen einen wichtigen Anker von Beheimatung in der Kirche dar und darf nicht als rückständig stigmatisiert werden. Es kann nicht sein, dass „traditionelles" Ehrenamt und „neues" Ehrenamt sich in Konkurrenz gegenüber stehen, sondern sie müssen sich als unterschiedlich strukturierte Angebote sinnvoll ergänzen. Das Nebeneinander beider Engagementformen zeichnet eine offene Kirche aus, die Raum für vielfältiges Engagement ermöglicht.

Was es braucht

Damit es gelingt, motivierten und interessierten Menschen ein ansprechendes Engagement zu ermöglichen, braucht es Verantwortliche, die „Diversitätsmanagement" verstehen, die unterschiedliche Bedürfnisse wahrnehmen und entsprechende sinnvolle Engagementfelder eröffnen. Ehrenamt ist nicht selbstverständlich und gibt es nicht „umsonst" und kostenneutral.

Es braucht gut ausgebildete Begleiter und Begleiterinnen, die sich auf neue Wege einlassen und phantasievolle Formen entwickeln. Die die Kreativität von Ehrenamtlichen wertschätzen und nicht in Konkurrenz sehen, sondern fachlich, geistlich und anerkennend begleiten.[4]

Begleitung braucht die Fähigkeit einer Hebamme oder eines Gärtners, eines Koordinators und Managers, aber nicht den „Hans-Dampf in allen Gassen", der die Ehrenamtlichen nach seinem Takt dirigiert.

Doch eines steht fest, ein Paradigmenwechsel vom „traditionellen" zum „neuen" Ehrenamt lässt sich nicht zuerst durch Vorgaben, Konzepte oder Gesetze regeln. Der wirkliche Impuls zur Veränderung und der erste wesentliche Schritt muss zuerst in den Köpfen der Menschen

---

4   Es gibt in der Zwischenzeit bundesweit viele Diözesen, die ein entsprechendes Ausbildungsprogramm für Ehrenamtskoordinatoren, Ehrenamtsentwickler, Ehrenamtsmanager ... anbieten.

beginnen. Es ist ein Prozess, der vertraute, liebgewonnene und prägende Bilder von einer Betreuungs- und Versorgungskirche verabschiedet.[5]

Raus aus der Enge

Dieser Wandel kommt nicht von allein, sondern braucht Zeit, Vertrauen, Geduld, eine gute Gestaltung und Begleitung und ist manchmal auch schmerzhaft. Doch bei all den Herausforderungen sollten auch die Chancen und Möglichkeiten gesehen und entdeckt werden, die sich durch diesen Strukturwandel auftun.

Will Kirche sich wirklich allen Menschen zuwenden und an die „Hecken und Zäune" gehen, die „warme Stube" verlassen, kann sie gerade auch beim Ehrenamt beginnen.

Denn dort gibt es ein großes, vielfältiges und buntes Potential von Menschen, die sich einbringen möchten, wenn man ihnen Frei- und Spielräume gäbe, ihre Gaben und Talente (Charismen) sinnvoll zu entfalten. Kirche könnte attraktiv sein für Menschen, die auf der Suche nach einem sinnvollen Engagement sind, welches ihr persönliches Leben, aber auch das kirchliche und gesellschaftliche Gemeinwesen bereichert. Ein interessiertes Aufspüren und Entdecken dieser Potentiale könnte ein Baustein sein, das oftmals enge und einseitige kirchliche Milieu zu verlassen und mit „neuen Gesichtern" zu weiten.

Darin zeigt sich auch ein wichtiger Auftrag von Kirche, nämlich Menschen ein sinnvolles und erfülltes Engagement zu ermöglichen. Räume zu eröffnen, in denen sie sich wertvoll, geschätzt und „gebraucht" erleben und darin eine wesentliche Bereicherung ihres Lebens erfahren.

Eigene Gaben einbringen und Gutes weitergeben, stellt Menschen hinein in den Kraftstrom des Lebens – und das macht glücklich. Wenn sie in der Begleitung ihres Engagements spirituellen Reichtum und ethische Reflexion erleben, werden sie diese auch weitergeben. Inso-

---

5   Ich verweise an dieser Stelle besonders auf die beiden Beiträge in diesem Band: „Ich bin keine Ehrenämtlerin, sondern eine Mission" und „Großzügig – pragmatisch – demütig. Charismenorientierte Ehrenamtsentwicklung als Kirchenentwicklung".

fern hat die kirchliche Begleitung Ehrenamtlicher auch eine missionarische Dimension. Hier werden Menschen ermutigt und begleitet, die Gutes tun – für andere, für sich und zur Ehre Gottes.

Damit das gelingt, müssen sich kirchliche Planungsprozesse und Haltungen verändern, weg vom Fokus auf den kirchlichen Bedarf, hin zu den Bedürfnissen und Ideen der Ehrenamtlichen. Bisher geschieht pastorales Arbeiten meist ausgehend von einem gewissen Idealprogramm „lebendiger Gemeinden" oder auch ausgehend von Zielgruppen, aus denen sich dann ergibt: Wir brauchen Ehrenamtliche für die Arbeit mit Kindern, für die Firmkatechese oder für das Familiengottesdienstteam. Dafür wird gesucht und wenn dann jemand kommt, der eigene Ideen quer zu diesem Programm hat, ist dafür oft kein Raum, keine Energie und keine Bereitschaft mehr. Partizipation, Gestaltungsmöglichkeiten und Beteiligung an Entscheidungen im jeweiligen Engagementfeld müssen klarer gestaltet werden.

Bürgerschaftliche Ehrenamtsagenturen agieren hier anders, sie nehmen Interessen von Ehrenamtlichen auf und entwickeln daraus ihre Projekte.

Ehrenamtliches Engagement in der Kirche wird sich bleibend in der Spannung zwischen dem kirchlichem Auftrag, also der Kommunikation des Evangeliums, und den vielfältigen Interessen von Ehrenamtlichen bewegen. Will Kirche hier aber zukunftsfähig bleiben, müssen sich kirchliche Aktivitäten stärker an den Interessen und Möglichkeiten Ehrenamtlicher orientieren, ohne den bleibenden Auftrag der Kirche aus den Augen zu verlieren.

Ergänzend zu den bisherigen Überlegungen sollen noch kurz folgende Aspekte angedacht werden:

• Die Engagementbereitschaft korreliert deutlich mit Bildungsstand, Einkommen und sozialem Status. Sozial Benachteiligte oder Menschen in prekären Verhältnissen sind im ehrenamtlichen Bereich oftmals unterrepräsentiert. Hier muss Kirche ansetzen und sich der Aufgabe stellen, inkludierend zu wirken. Dies gilt vor allem für Bevölkerungsgruppen, die von Armut besonders bedroht sind, wie kinderreiche Familien, Alleinerziehende, Menschen mit brüchigen Erwerbsbiografien und marginal Beschäftigte, Menschen mit Migrationshintergrund sowie alleinlebende ältere Frauen. Diesen

Gruppen muss sich die Kirche verstärkt zuwenden und öffnen, weil dies im Sinne des 2. Vatikanischen Konzils zu ihren originären Aufgaben gehört und weil in diesen Gruppen ein großes Engagementpotential weitgehend brach liegt.

- Die Freiwilligensurveys zeigen eindeutig: Wer nicht als junger Mensch ehrenamtlich aktiv war, der ist später nur sehr schwer für ein ehrenamtliches Engagement zu gewinnen. Es sind älter werdende Generationen, die als junge Menschen bereits hoch engagiert waren, die ihr Engagement als Erwachsene fortsetzen und dies auch im Alter tun werden. Bei jungen Menschen gibt es eine unverändert hohe Bereitschaft zum ehrenamtlichen Engagement, das allerdings an positive Rahmenbedingungen gebunden ist. Das ehrenamtliche Engagement junger Menschen muss jedoch noch stärker unter den Motiven des „neuen" Ehrenamts bedacht und entsprechend gestaltet werden.

- Eine wichtige Veränderung kirchlichen Agierens im Blick auf Ehrenamt ist der Umgang mit parochialen Grenzen. Das neue Ehrenamt fordert regionales Denken und eine sogenannte „Netzwerkpastoral". Ein Denken in parochialen Räumen („meine Ehrenamtlichen – deine Ehrenamtlichen") wird sinnvolles Engagement erschweren oder passende Einsatzorte sowie einen verantwortlichen Umgang mit den vorhandenen personellen und finanziellen Ressourcen verunmöglichen. Auch das ist Teil des notwendigen Bilderwandels im Kopf. Damit Ehrenamtliche den für sie passenden Ort des Engagements finden, müssen Gemeinden und Verantwortliche Konkurrenzdenken überwinden und im Sinne des größeren Ganzen denken. Hier werden auch Kooperationen mit Caritas und Verbänden, in der Ökumene, mit Kommunen und Vereinen und sonstigen Organisationen neue Chancen und Möglichkeiten bieten, über den kirchlichen Organisationsraum hinaus. Zum Beispiel in der Entwicklung von Instrumenten von Freiwilligenmanagement, von Fortbildungsangeboten und geeigneten Rahmenbedingungen, von Standards für den Nachweis und die Anerkennung von ehrenamtlichem Engagement für berufliche Entwicklung, aber auch im gemeinsamen Ringen für eine gerechtere Welt und eine solidarische Gesellschaft. So sind die Gewinnung und der Einsatz von Ehrenamtlichen entsprechend ihrer Gaben und nicht allein nach parochialen Interessen zentrale Elemente einer regionalen „Netzwerkpastoral". Daneben wird es auch weiterhin Menschen geben, die sich aus unterschiedlichen Gründen nur für ihre Kirchengemeinde engagieren werden und die nicht vier Kilometer weiter ins Nachbardorf fahren werden. Auch hier herrscht die schon erwähnte Gleichzeitigkeit verschiedener Engagementformen („traditionelles" und „neues" Ehrenamt), die bewältigt werden muss.

- Die Dauer kirchlicher Wahlämter entspricht oftmals nicht mehr den Zeiträumen, die Menschen bezüglich ihres Engagements einbringen wollen oder auch überblicken können. Veränderte und kürzere Zeiten könnten die Beteiligungsbereitschaft an kirchlichen Gremien erhöhen. Insgesamt könnte der offene Projektcharakter noch weiterentwickelt und betont werden.

- Wer sich bislang in der Kirche engagiert, ist meistens von anderen angesprochen worden. Nur jede oder jeder Dritte wird von sich aus initiativ. Die Pastoral mit Ehrenamtlichen geht in erster Linie über Beziehungsarbeit. Es geht um das Interesse der Person.

- Sämtliche Entscheidungs- und Gestaltungsprozesse sollten permanent im Hinblick auf Partizipationsangebote überprüft werden. Dazu gilt es entsprechende Standards zu entwickeln.

- Eine ausgeprägte Wertschätzungskultur ist eine Kultur des Hinhörens und der Beobachtung, was dem Nächsten wichtig ist. Formale Ehrungen müssen von einer lebendigen, interessierten Wertschätzung begleitet werden, die sich im Alltag des Ehrenamts zeigt. Eine ausgeprägte Dankeskultur vermittelt das Bild einer wertschätzenden Kirche, die das Charisma aller Getauften erkennt, unterstützt und würdigt.

Zum guten Schluss

Die Kirche weist als wertbezogene Institution in der heutigen Gesellschaft ein hohes Potential auf, Motivation für ehrenamtliches Engagement zu wecken. Sie kultiviert sinn- und solidaritätsstiftende

Lebensziele, die von vielen Menschen mitgetragen werden. Je mehr sie die Schlüsselworte ihres Menschen- und Gottesbildes in religiösen Dialogen reflektiert, die Leitlinien ihres Handelns kommuniziert und andere an solchen Diskursen beteiligt, umso tiefer können sich Menschen mit ihren eigenen Überzeugungen einbringen. Daraus erwächst ehrenamtliches Engagement, das nicht nur auf praktisch-organisatorische, sondern auch auf theologisch-geistliche Unterstützung angewiesen bleibt. Ehrenamt hat eine „spirituelle" und „dialogische" Kirche auf allen Ebenen zur Voraussetzung.

Wenn nun Krise meint, dass es nicht mehr weitergehen kann wie bisher, dass man aber auch nicht so ganz genau weiß, wie es weitergehen könnte, dann heißt das bei der Ehrenamtsthematik: Wenn man sich ihr stellt, um weiterzumachen wie bisher, nur eben ein bisschen anders, dann hat man eine große Chance verspielt.

Gabriele Denner

Literatur

- BMFSFJ (Hg.) (2010): TNS Infratest Sozialforschung; Hauptbericht des Freiwilligensurveys 2009. Zivilgesellschaft, soziales Kapital und freiwilliges Engagement in Deutschland 1999–2004–2009.
- PRAGMA-Studie (2014), Ehrenamt in der Diözese Rottenburg-Stuttgart, Diözese Rottenburg-Stuttgart (Hg.).
- Andreas Kampmann-Grünewald, Bedrohung oder Chance? Der Strukturwandel freiwilligen Engagements in Kirchengemeinden, in: Lebendige Seelsorge Nr. 3, 2006.
- Rainer Bucher, Das Ehrenamt in der Transformationskrise der katholischen Kirche, in: Walter Krieger, Balthasar Sieberer (Hg.), Für Gottes Lohn?! Ehrenamt und Kirche, Wagner Verlag 2011.
- Matthias Sellmann, nicht veröffentlichter Vortrag, Ehrenamtskongress der Diözese Rottenburg-Stuttgart, Rottenburg 2014.
- Beate Hofmann, Referat zum Schwerpunktthema „Ehrenamtliches Engagement in Kirche und Gesellschaft, 2009.

Im Geiste des Zweiten Vatikanischen Konzils

Mitbestimmung und Mitverantwortung

Die Möglichkeit zur Mitbestimmung und zur Teilhabe an Entscheidungen sind ein wesentlicher Anreiz für eine ehrenamtliche Tätigkeit in der Kirche. Die Diözese Rottenburg-Stuttgart hat 2013 beim Institut PRAGMA eine Untersuchung zum ehrenamtlichen Engagement in Kirche und Gesellschaft in Auftrag gegeben. In insgesamt 800 Telefoninterviews, ergänzt durch eine Reihe von qualitativen Gruppengesprächen, wurde deutlich, dass über 90 % der Engagierten im kirchlichen Ehrenamt einen ausgeprägten Mitgestaltungsanspruch haben. Exemplarisch möchte ich hier eine Frau zu Wort kommen lassen, die im Gruppengespräch Folgendes formuliert hat: „Ich weiß, dass ich durch mein Engagement die Kirche nicht zum Positiven verändern werde. Aber vielleicht im Kleinen doch – in der Gemeinde."

Diese Aussage steht stellvertretend für viele andere, die sich als Ehrenamtliche in der Kirche engagieren. Ehrenamtliche verstehen sich nicht (mehr) zuallererst als Helfer/innen des Pfarrers oder der Hauptberuflichen, sondern als getaufte und gefirmte Christinnen und Christen, die das Recht, ja die Pflicht zur Mitarbeit, zur Mitgestaltung und zur Mitbestimmung des kirchlichen Lebens haben. Sie können sich dabei auf die Kirchenkonstitution „Lumen gentium" (LG) des Zweiten Vatikanischen Konzils berufen. Dort heißt es: „Unter der Bezeichnung Laien sind hier alle Christgläubigen verstanden mit Ausnahme der Glieder des Weihestandes und des in der Kirche anerkannten Ordensstandes, das heißt die Christgläubigen, die, durch die Taufe Christus einverleibt, zum Volk Gottes gemacht und des priesterlichen, prophetischen und königlichen Amts Christi auf ihre Weise teilhaftig, zu ihrem Teil die Sendung des ganzen christlichen Volkes in der Kirche und in der Welt ausüben."[1]

Und die Kirchenkonstitution schreibt den Amtsträgern deutlich ins Stammbuch, die Mitbestimmung der Laien nicht nur zu dulden, sondern zu unterstützen und zu fördern: „Die geweihten Hirten aber sollen die Würde und die Verantwortung der Laien in der Kirche anerkennen und fördern. Sie sollen gern deren klugen Rat benutzen, ihnen vertrauensvoll Aufgaben im Dienst der Kirche übertragen und ihnen Freiheit und Raum im Handeln lassen, ihnen auch Mut machen, aus eigener Initiative Werke in Angriff zu nehmen."[2]

Diese prophetischen Worte der Kirchenkonstitution „Lumen gentium" bilden das dogmatische Fundament für die Behandlung aller Fragen rund um Mitbestimmung und Mitverantwortung von Ehrenamtlichen, insbesondere von demokratisch gewählten Räten in der katholischen Kirche. Erste Konkretionen erfolgten durch das Zweite Vatikanische Konzil selbst im Dekret zum Laienapostolat „Apostolicam actuositatem" (AA). Eine grundlegende Rezeption erfuhren die Impulse des Zweiten Vatikanischen Konzils im Beschluss „Räte und Verbände" der Gemeinsamen Synode der deutschen Bistümer und im CIC von 1983. Darüber hinaus haben viele Diözesen in ihren Ordnungen zu den diözesanen und pfarrlichen Räten die Gedanken des Zweiten Vatikanischen Konzils konkret umgesetzt. Exemplarisch werde ich hier die Kirchengemeindeordnung der Diözese Rottenburg-Stuttgart vorstellen, die in besonders deutlicher Weise die Mitbestimmung und Mitverantwortung von gewählten Räten vollzieht.

Zweites Vatikanisches Konzil – Dekret über das Apostolat der Laien

Sehr konkret beschreibt das Zweite Vatikanische Konzil im Dekret über das Apostolat der Laien „Apostolicam actuositatem" (AA) die Mitgestaltungs- und Mitbestimmungsaufgabe der Laien. Es wird

---

1 Vat. II, LG 31.
2 Vat. II, LG 37.

51

deutlich zum Ausdruck gebracht, dass auch das Wirken des Hirtens nur dann voll zum Ausdruck kommt, wenn viele Männer und Frauen ihn unterstützen und mit ihrer Sachkenntnis die Seelsorge und Verwaltung der kirchlichen Güter mitgestalten. Ausdrücklich wird ihnen dabei die Verpflichtung zugesprochen, ihre eigenen Erfahrungen und Fragen (heute beschreiben wir dies mit dem Ausdruck „Lebenswirklichkeit") in die Gestaltung der Seelsorge der Kirche miteinzubringen, in gemeinsamer Beratung zu prüfen und konkrete Handlungsansätze zu gestalten.[3]

Dieser „neue" Ansatz wird im Dekret weiter konkretisiert. Ausgehend von der Teilhabe der Laien am Gemeinsamen Priestertum sieht das Zweite Vatikanische Konzil vor, dass in den Diözesen beratende Gremien eingerichtet werden sollen, „die die apostolische Tätigkeit der Kirche im Bereich der Evangelisierung und Heiligung, im caritativen und sozialen Bereich und in anderen Bereichen bei entsprechender Zusammenarbeit von Klerikern und Ordensleuten mit den Laien unterstützen".[4] Ergänzt wird dieser Hinweis, dass es ausdrücklich empfohlen wird, diese Gremien nicht nur auf der Diözesanebene einzurichten, sondern auch auf der Ebene der Dekanate und Pfarreien.[5]

Beschluss „Räte und Verbände" der Gemeinsamen Synode

Der Impuls des Zweiten Vatikanischen Konzils, die gemeinsame Verantwortung aller Getauften und Gefirmten und des Weiheamts deutlicher zu benennen, wurde von der Gemeinsamen Synode der Bistümer in der Bundesrepublik Deutschland an vielen Stellen rezipiert. Konkret werden die Themen Mitbestimmung und Mitverantwortung im Beschluss „Räte und Verbände" aufgegriffen und reflektiert. „Kraft der Taufe und Firmung wirken alle in ihrer Weise mit am Auftrag Christi, seine Botschaft zu verkünden, seine Gemeinde aufzuerbauen

---

3 Vgl. Vat. II, AA 10.
4 Vat. II, AA 26.
5 Vgl. Vat. II, AA 26.

und sein Heil in der liturgischen Feier zu vergegenwärtigen und im Leben zu bezeugen."[6] Aufbauend auf dieser Vergewisserung des Zweiten Vatikanischen Konzils definiert die Gemeinsame Synode Bedingungen für eine gelungene Mitverantwortung in der Kirche:[7]

- Mitverantwortung setzt das Bereitsein für den Anruf Christi und das Leben mit der Kirche voraus.
- Mitverantwortung wird ermöglicht und verwirklicht durch Kommunikation.
- Mitverantwortung realisiert sich in einer kooperativen Arbeitsweise, vorzugsweise im Team.
- Mitverantwortung beinhaltet grundsätzlich die Beteiligung an Entscheidungsprozessen und das Mittragen der Konsequenzen einer Entscheidung.
- Mitverantwortung setzt eine umfassende wechselseitige Information und eine innerkirchliche öffentliche Meinung voraus.
- Mitverantwortung erfordert Sachkenntnis.
- Mitverantwortung wird erst im konkreten Tun erlebt.

Mitbestimmung und Mitverantwortung sind hohe Güter, die nicht einfach im „Vorbeigehen" erledigt werden können. Verstärkt wird diese Erfahrung dadurch, dass sich Mitverantwortung und Mitbestimmung in der katholischen Kirche immer auch im Spannungsgefüge zwischen dem Weiheamt und dem Amt als Getauften und Gefirmten konkret ereignet. Umso wichtiger ist die Vergewisserung des gemeinsamen Auftrags, umso bedeutender ist eine kommunikative, kooperative, diskursive und sachkompetente Behandlung der Themen, umso fundamentaler muss eine transparente und konkrete Mitverantwortung und Mitgestaltung von allen Beteiligten gelebt werden wollen.

Im Teil III des Beschlusses Räte und Verbände beschreibt die Gemeinsame Synode ganz praktisch die Ausgestaltung von Mitbe-

---

6 Gemeinsame Synode (GS) der Bistümer in der Bundesrepublik Deutschland, Beschluss: Räte und Verbände, Teil I, 1.4.
7 Vgl. GS, Beschluss: Räte und Verbände, Teil I, 3.1–7.

stimmungs- und Mitverantwortungsgremien auf den verschiedenen Ebenen der katholischen Kirche in Deutschland.

Auf der Pfarrebene wird die Einrichtung eines Pfarrgemeinderats angeordnet.[8] Die Aufgabe des Pfarrgemeinderats ist es, in allen Fragen, die die Gemeindeebene betreffen, unter Beachtung der diözesanen Regelungen beratend und beschließend mitzuwirken.[9] Neben dem Pfarrgemeinderat ordnet die Gemeinsame Synode auch ein Gremium für die Vermögensverwaltung auf örtlicher Ebene an. Dieses Gremium soll unter der Berücksichtigung der pastoralen Richtlinien des Pfarrgemeinderats die notwendigen personellen und finanziellen Ressourcen verwalten.[10]

Auch für die Mittlere Ebene wird angeordnet, wenigstens einen Pastoralrat zu bilden, der Mitverantwortung trägt für alle Aufgabenbereiche, die dieser Ebene zugeordnet werden. Ergänzend empfiehlt die Gemeinsame Synode die Bildung von Katholikenräten zur Förderung und Koordinierung des Laienapostolats.[11]

Größere Bedeutung erlangen die gewählten Gremien wieder auf der Diözesanebene. Neben dem kirchrechtlich vorgeschriebenen Diözesanpriesterrat schreibt die Gemeinsame Synode die Bildung eines Diözesanpastoralrats vor, in dem Priester, Ordensleute und Laien zur Beratung des Bischofs zusammenarbeiten. Diesem Diözesanpastoralrat kommen weitreichende Aufgaben zu. Neben der Mitwirkung bei der Festlegung von pastoralen Schwerpunkten und der Koordinierung der seelsorgerlichen Aufgaben im Bistum soll der Diözesanpastoralrat den Bischof in seinem Leitungsdienst unterstützen und die pastoralen Grundlagen für die Haushaltsplanung beschließen.[12] Für den Beschluss und die Überwachung des Haushalts ist ein eigenes Gremium zu bilden.[13] Ergänzt wird das diözesane Rätesystem durch den Katholikenrat als vom Diözesanbischof anerkanntes Organ im Sinne des Konzildekrets über das Apostolat der Laien (AA 26; siehe oben). Der Katholikenrat richtet den Blick eher nach „außen" und sollte wach

---

8   GS, Beschluss: Räte und Verbände, Teil III, 1.16.1.
9   GS, Beschluss: Räte und Verbände, Teil III, 1.2.
10 GS, Beschluss: Räte und Verbände, Teil III, 1.3 + 1.16.3.
11 GS, Beschluss: Räte und Verbände, Teil III, 2.3.1+2.3.2.
12 Vgl. GS, Beschluss: Räte und Verbände, Teil III, 3.3.10.1.
13 GS, Beschluss: Räte und Verbände, Teil III, 3.3.10.3.

die Entwicklungen in Staat, Kirche und Gesellschaft beobachten und zu wichtigen Themen öffentlich Position beziehen.[14]

Abschließend empfiehlt die Synode den Diözesen zu prüfen, wie die Räte Diözesanpriesterrat, Diözesanpastoralrat, „Haushaltsrat" und Katholikenrat enger zusammenarbeiten und intensivere Formen der Mitverantwortung entwickeln können.[15]

Alle diese Beschlüsse und Anordnungen der Gemeinsamen Synode atmen zutiefst den Geist des Zweiten Vatikanischen Konzils. Die Frauen und Männer, Bischöfe, Priester und Ordensleute, die in Würzburg zusammengekommen sind, standen voller Überzeugung dafür ein, die Kirche für eine demokratische Mitbestimmung und Mitverantwortung zu öffnen und sie zu einem Beteiligungsprojekt zu machen. Gleichzeitig war allen Synodalen bewusst, dass die Kirche nicht einfach ein demokratisches Gebilde ist, sondern Volk Gottes. Im Volk Gottes kommt dem Weiheamt eine unverwechselbare sakramental fundierte einheitsstiftende Aufgabe zu, die nicht einfach durch eine demokratische Ordnung ersetzt werden kann. Deshalb vollzieht sich Mitverantwortung und Mitbestimmung in der Kirche immer in der Spannung zwischen dem Auftrag des Weiheamts und der synodalen und demokratischen Mitverantwortung aller getauften und gefirmten Katholikinnen und Katholiken.

Codex Iuris Canonici

Das kirchliche Gesetzbuch Codex Iuris Canonici von 1983 greift die theologischen Grundlagen des Zweiten Vatikanischen Konzils auf und übersetzt diese in konkrete Rechtsnormen. Die Kirche wird nicht mehr als Stiftung gesehen, wie sie noch im CIC von 1917 ihre juristische Ausprägung erfahren hat, sondern der gemeindliche Charakter, das gemeinsame Priestertum und die notwendige Mitwirkung des Gottesvolkes werden betont.

---

14 GS, Beschluss: Räte und Verbände, Teil III, 3.4.2.
15 GS, Räte und Verbände, Teil III, 3.5.

Der CIC von 1983 beschreibt in canones 536 und 537 die Mitwirkungsorgane. Im Can. 536 wird die Errichtung eines Pastoralrats beschrieben. Der Diözesanbischof hat die Möglichkeit, Pastoralräte in den Gemeinden seiner Diözese einrichten zu lassen. Dieser Pastoralrat hat die Aufgabe und das Ziel, die Seelsorge in der Pfarrei zu fördern. Nach den Normen des CIC ist der Pastoralrat ein beratendes Gremium unter dem Vorsitz des Pfarrers.[16]

Neben dem Pastoralrat, über dessen Einrichtung der Ortbischof entscheiden kann, muss in jeder Pfarrei ein Vermögensverwaltungsrat bestehen. Seine Aufgabe ist die Unterstützung des Pfarrers bei der Verwaltung des Pfarrvermögens.[17]

Wie man zu einem Pastoralrat oder zu einem Vermögensverwaltungsrat kommt, wird im CIC von 1983 nicht näher beschrieben. Die Aufgabe, entsprechende Ordnungen und Satzungen zu erlassen, wird an die Diözesanbischöfe übertragen.

Mitbestimmung und Mitverantwortung – das „Rottenburger Modell"

Zur Vorgeschichte

Auf der Grundlage des Zweiten Vatikanischen Konzils und der Beschlüsse der Gemeinsamen Synode der Bistümer in der Bundesrepublik Deutschland wurde in den deutschen Diözesen die Mitbestimmung und Mitverantwortung der Räte neu konzipiert. Dabei orientierten sich die meisten Bistümer an der „Mustersatzung" des Zentralkomitees der deutschen Katholiken. Diese sah vor, dass auf der Ebene der Pfarrei mindestens zwei Gremien eingerichtet werden: ein Pfarrgemeinderat und der Kirchenvorstand für die Vermögensverwaltung. Dem Pfarrgemeinderat sollten drei Arten von Mitgliedern angehören: Gewählte, von den katholischen Organisationen delegierte Personen und vom Pfarrer Berufene. Jede der drei Gruppen stellt ein Drittel des Gesamtrates. Vorsitzender des Rates ist ein Laie.

---

16 CIC, Can. 536, § 2.
17 CIC, Can. 537.

In der Diözese Rottenburg-Stuttgart gab es bis zur Neufassung der Kirchengemeindeordnung drei Organe auf der Pfarreiebene: der Kirchenstiftungsrat und die Ortskirchensteuervertretung für die Vermögensverwaltung und in einigen Pfarreien einen Pfarrausschuss. Im Blick auf den Pfarrausschuss wurden immer wieder neue Ansätze diskutiert, aber nie wirklich mit Erfolg umgesetzt. Gleichzeitig herrschte eine große Unzufriedenheit darüber, drei Gremien auf der Ortsebene zu haben. Bei sogenannten „Konzilstagen", die von Bischof Carl Joseph Leiprecht und Weihbischof Wilhelm Sedlmeier in 15 verschiedenen Städten abgehalten wurden, wurde deutlich, dass sich die Katholikinnen und Katholiken in der Diözese *ein* Gremium auf Pfarreiebene wünschen, in dem die Mitbestimmung und Mitverantwortung der Laien effizient und nachhaltig gebündelt wird.

Ein Gremium für „alle" Aufgaben
Auf der Grundlage des Zweiten Vatikanischen Konzils und der Gesprächsergebnisse auf den Konzilstagen wurde eine Satzung konzipiert, die folgende Rahmenbedingungen beinhaltet:
1. Auf der Ebene der Gemeinde wird *ein* Gremium, der Kirchengemeinderat (KGR) gebildet. Der KGR ist sowohl für die pastoralen als auch für die vermögensrechtlichen Aufgaben zuständig. Er besitzt das Haushaltsrecht.[18]
2. Im Kirchengemeinderat arbeiten Pfarrer und Laien in *gemeinsamer Verantwortung* zusammen, weil sie aufgrund von Taufe und Firmung bzw. von der Weihe am dreifachen Amt Christi in der Verkündigung, in der Heiligung der Welt und in der Leitung des Gottesvolkes teilhaben. Der Pfarrer als Vorsteher der Eucharistie hat auch den Vorsitz im Kirchengemeinderat inne. Er hat die Verantwortung für die Einheit der Gemeinde mit dem Bischof und für die Einheit der Gemeinde selbst. Darüber hinaus hat er zusammen mit den hauptberuflichen pastoralen Diensten die besondere Verantwortung für die Verkündigung, die Feier der Liturgie und das karitative Handeln der Kirchengemeinde. Rechtswirksame

---

18 Vgl. Diözese Rottenburg-Stuttgart, Ordnung für die Kirchengemeinden und ortskirchlichen Stiftungen (KGO), Neuauflage vom 1. März 2014, § 17.

Beschlüsse in diesen Bereichen können nur im Einvernehmen mit dem Pfarrer gefasst werden.[19]

3. Dem KGR gehören als stimmberechtigte Mitglieder neben dem Pfarrer und einer evtl. aus dem Kreis der hauptberuflichen pastoralen Dienste bestellten Pastoralen Ansprechperson nur *gewählte Vertreter/innen* der jeweiligen Kirchengemeinde an. Diese Regelung geht zurück auf das „Württembergische Gesetz über die Kirchen" vom 3. März 1924, das festlegt, dass über öffentliche Gelder neben den amtlichen Personen nur Kirchengemeindemitglieder bestimmen dürfen, die durch allgemeine, unmittelbare, freie, gleiche und geheime Wahl bestimmt werden. Alle anderen Personen, die entweder berufen wurden oder aufgrund ihres Amtes Mitglied im KGR sind, sind beratende Mitglieder.[20]

In dieser Satzung sind alle bis zum Zweiten Vatikanischen Konzil bestehenden Organe der Pfarrei zusammengefasst worden, sodass dem Kirchengemeinderat als dem einzigen kollegialen Vertretungsorgan der Kirchengemeinde eine umfassende Zuständigkeit in allen pastoralen und finanziellen Angelegenheiten zukommt.

Der „Zweite Vorsitzende"

Eine besondere Rolle kommt dem „Zweiten Vorsitzenden" des Kirchengemeinderats zu. Der Kirchengemeinderat wählt aus den Reihen der stimmberechtigten Mitglieder einen „Zweiten Vorsitzenden". Dieser ist nicht der Stellvertreter des Pfarrers in seiner Aufgabe als Vorsitzender des KGR, sondern eher ein „Co-Vorsitzender". Ein Blick auf die Aufgaben des Zweiten Vorsitzenden macht dies deutlich. Der Pfarrer als Vorsitzender kann nur im Einvernehmen mit dem Zweiten Vorsitzenden zu den Sitzungen einladen. Dieser kann in dringenden Fällen selbst eine Sitzung einberufen und der Pfarrer kann jederzeit die Leitung der Sitzung an den Zweiten Vorsitzenden übergeben.[21]

Der Kirchengemeinderat als Gesamtes vertritt die Kirchengemeinde gerichtlich und außergerichtlich.[22] Dies wird in der Praxis

---

19 Vgl. KGO, § 18.
20 Vgl. KGO, § 19.
21 Vgl. KGO, § 41.
22 Vgl. KGO, § 17,7.

dadurch deutlich, dass bei Rechtsgeschäften sowohl die Unterschrift des Pfarrers als auch die des Zweiten Vorsitzenden als Vertreter des Rates notwendig sind.

Eine Würdigung – 45 Jahre Kirchengemeindeordnung

Wie stark sich die Katholikinnen und Katholiken in der Diözese Rottenburg-Stuttgart mit dieser inzwischen über 40 Jahre dauernden Tradition der Mitbestimmung und Mitverantwortung gewählter Vertreterinnen und Vertreter identifizieren, zeigt die Tatsache, dass trotz das Ansehen der katholischen Kirche belastender Ereignisse in den letzten Jahren gerade im schwierigen Jahr 2010 die Beteiligung an den Wahlen zu den Kirchengemeinderäten mit knapp 25 % im Vergleich zu den vorausgegangenen Wahlen nahezu stabil geblieben war und insgesamt auf dem Spitzenplatz aller deutschen Diözesen rangiert.[23]

Dieser vom Zweiten Vatikanischen Konzil vorgezeichnete Weg eines partizipatorischen Verständnisses der Verantwortung in der Ortskirche von Rottenburg-Stuttgart hat sich in schwierigen Zeiten besonders bewährt, wie dies am Prozess zu den „Pastoralen Prioritäten" in den Jahren 2001–2003 abgelesen werden kann. Gemeinsam wurden auf allen Ebenen klare Prioritäten für die kirchliche Arbeit definiert und schließlich nennenswerte strukturelle Einsparungen im Haushalt der Diözese, aber auch in vielen Haushalten der Kirchengemeinden erreicht. Dieser nicht immer leichte Prozess wurde in großer Einmütigkeit von allen beteiligten Gremien mitgetragen. Diese Einmütigkeit und Konsensorientierung verdanken wir letztlich „einem Geist gemeinsam getragener und gestalteter Verantwortung, in dem das Zweite Vatikanische Konzil bis heute Früchte trägt",[24] wie es Bischof Dr. Gebhard Fürst treffend formuliert.

Matthäus Karrer

---

23 Vgl. dazu Gebhard Fürst, Mitwirkung einer missionarischen Kirche an der Verwirklichung des Reiches Gottes. Geleitwort in Klaus Kießling/Viera Pirker/Jochen Sautermeister (Hrsg.), Wohin geht die Kirche morgen? Entwicklung Pastoraler Prioritäten in der Diözese Rottenburg-Stuttgart, Ostfildern 2005, S. 11.
24 Vgl. dazu Gebhard Fürst, Geist und Herz sich verwandeln lassen, Rottenburg 2013, S. 34.

Das Wissen der Bürgerinnen und Bürger des Gottesvolks

Frau V., Anfang 70, ehrenamtlich im karitativen Bereich ihrer Gemeinde engagiert und mit einem verbandlichen Vorstandsamt auf Diözesanebene betraut, meint: „Wissen Sie, der Pfarrer behandelt mich und die anderen älteren Frauen in unserer Gruppe so, als hätten wir niemals etwas gelernt oder gar einen Beruf ausgeübt."

Frau F., Mitte 40, geschieden und wiederverheiratet, in vielfältigen kirchlichen Bereichen ehrenamtlich aktiv, erzählt davon, dass sie als Betroffene zu einer Podiumsdiskussion auf einem Katholikentag eingeladen sei. Wie es wäre, wenn sie sich als ‚Expertin' und nicht als ‚Betroffene' begreifen würde, frage ich. Geraume Zeit später erhalte ich eine Mail: Diese kurze Frage hätte sie sehr ins Nachdenken gebracht.

Zwei Vignetten, kurze Alltagsbeobachtungen aus dem weiten Feld ehrenamtlichen Engagements. Beide Szenen kreisen um Wissen, Know-how, Expertise und Expertenschaft.

In der Tat: Frauen und Männer, die sich kirchlich engagieren, verfügen (1.) über Fachwissen unterschiedlichster Provenienz, das sich aus ihren jeweiligen Arbeitskontexten speist. Sie verfügen (2.) über reiches Lebenswissen, gegründet in der Notwendigkeit, das eigene Leben zu bewältigen, sein Leben zu leben, umzugehen mit den Zumutungen, Überraschungen und Freuden, die es bietet. Ehrenamtlich Engagierte sind schließlich (3.) Glaubenserfahrene. Sie verfügen über ein reiches Glaubenswissen, weil sie im Lauf ihres Lebens vielfältige Brücken geschlagen haben zwischen dem Evangelium und dem eigenen Leben.

Ehrenamtlich Engagierte haben Ahnung. Von den Dingen dieser Welt, vom Leben und vom Glauben. Ehrenamtlich Engagierte sind Fachexpert/innen, Lebenskünstler/innen und Glaubenserfahrene. – Doch: Welchen Stellenwert hat ihr Wissen in der Organisation Kirche? Wie wird es gesehen, anerkannt, genutzt und ‚ins Spiel gebracht'?

Und in welchem Verhältnis steht das Wissen der kirchlichen non-professionals zu den hauptamtlichen, bezahlten Mitarbeiter/innen?

Beim Blick über den kirchlichen Tellerrand hinaus zeigt sich ein interessantes Phänomen: Firmen, Universitäten oder Staatstheater interessieren sich mittlerweile aktiv für das Expertenwissen außerhalb der eigenen Organisation oder Institution. Firmen identifizieren Konsument/innen als kokreative Entwickler/innen innovativer Produkte, wissenschaftliche Forschungsinstitutionen entdecken die Citizen Science und interessieren sich für das ,unterschätzte Wissen der Laien', Staatstheater etablieren Bürgerbühnen und bitten ,Experten des Alltags' auf die Bühne.

Diese Diskurse werden kurz vorgestellt, um anschließend den Transfer hin zur kirchlichen Ehrenamts- und Engagementförderung zu leisten.

Im Wirtschaftsbereich: Interaktive Wertschöpfung

Bei Procter&Gamble entstehen Putzmittel, Gesichtspflegeprodukte, Schallzahnbürsten nicht mehr länger nur hinter den verschlossenen Türen der Innovations- und Entwicklungsabteilungen. Das Unternehmen setzt seit Jahren in seinem Innovationsprogramm ,connect + develop' auf unternehmensexterne Ideengeber/innen bei der Entwicklung neuer Produkte. Auch Adidas, BMW, Flickr, LEGO, Linux, Loewe, Swarowski u. a. haben begonnen, Wertschöpfung neu zu denken.

Alle diese Firmen setzen auf ,interaktive Wertschöpfung', ein Konzept, das von den Wirtschaftswissenschaftlern Ralf Reichwald und Frank Piller wissenschaftlich reflektiert, systematisiert und weiterentwickelt wurde.[1] Im Mittelpunkt des Interesses steht dabei die aktive Rolle externer Akteur/innen – insbesondere der Kund/innen – an der Peripherie des Unternehmens. Kund/innen werden nicht mehr nur als „passive Empfänger und Konsumenten einer von Herstellern autonom

---

1   Ralf Reichwald/Frank Piller, Interaktive Wertschöpfung. Open Innovation, Individualisierung und neue Formen der Arbeitsteilung, Wiesbaden ²2009.

geleisteten Wertschöpfung" begriffen, sondern als „Wertschöpfungspartner von Unternehmen" entdeckt, die an der Entwicklung, Herstellung und Gestaltung von Produkten und Dienstleistungen aktiv beteiligt werden.[2] Kund/innen – insbesondere die sog. ‚lead users' – werden als Innovationsquelle begriffen. Ein solches Vorgehen impliziert eine neue Vorstellung und Organisation von Arbeitsteilung im Produktentstehungsprozess. „Eine hierarchische Aufgabenverteilung und Kontrolle wird durch Selbstmotivation und Selbstselektion der Akteure ersetzt."[3] Interaktive Wertschöpfung beruht zudem auf einer veränderten Vorstellung davon, wie Innovation geschieht: eben nicht mehr im Wesentlichen innerhalb eines Unternehmens, sondern als vielschichtiger und offener „Such- und Lösungsprozess, der zwischen mehreren Akteuren über die Unternehmensgrenzen hinweg abläuft"[4] (Open Innovation).

Was bringt interaktive Wertschöpfung den Kund/innen? Was bringt sie dem Unternehmen? Und wer profitiert in einem höheren Maß?

Kund/innen – so die betriebswirtschaftliche Argumentation – profitieren durch ein besseres Produkt, durch soziale Anerkennung und Bestätigung und durch das bestätigende, lohnenswerte Erlebnis, eine Aufgabe gut absolviert zu haben und stolz auf das Ergebnis sein zu können. Sie sind in der Folge mit dem Produkt in höherem Maße identifiziert.

Dem Unternehmen kommt interaktive Wertschöpfung in seinem Bestreben nach Effizienz- und Effektivitätssteigerung entgegen. Interaktive Wertschöpfung erschließt dem Unternehmen „neue Potentiale zur effizienten Differenzierung im Wettbewerb durch individualisierte und/oder innovative Produkte"[5]. Ein solches Vorgehen verschafft dem Unternehmen Zugang zu Bedürfnisinformationen, die über die klassische Marktforschung nicht zu erreichen wären. Und das wiederum garantiert höhere Marktakzeptanz der Produkte, ein gerin-

---

2   Ebd., 1.
3   Ebd., 4.
4   Ebd., 117.
5   Ebd., 52.

geres Floprisiko bei der Einführung von Produktinnovationen und neue Möglichkeiten der Kundenbindung. Sind Kosten und Nutzen für Kund/innen und für das Unternehmen ausgewogen verteilt? – So könnte man aus der Perspektive der Konsumsoziologie fragen. Auch Reichwald/Piller/Ihl räumen als eine der Grenzen des Konzepts ein: Ohne klare Anreizstrukturen „werden die Nutzer nach einer Phase der Euphorie ('Das Unternehmen hört mir endlich mal zu.') schnell in eine Ernüchterung verfallen ('Die saugen ja nur mein Wissen ab.')."[6]

Als andere Grenze benennen sie das sog. 'Not-invented-here-Problem': Widerstände gegen externes Wissen können unter Umständen im Unternehmen noch größer sein als die Widerstände gegenüber Inputs von (neuen) Kolleg/innen.

Kann die Kirche in ihrer Suche nach tragfähigen Wegen in die Zukunft von betriebswirtschaftlichen Open-Innovation-Konzepten lernen? Was passiert, wenn kirchliches ehrenamtliches Engagement unter der Perspektive interaktiver Wertschöpfung neu buchstabiert wird? – Andreas Fritsch, Florian Sobetzko und Matthias Sellmann bieten dazu lesenswerte Überlegungen.[7]

Im Wissenschaftsbereich: Citizen Science

Bürgerinnen und Bürger forschen und schaffen Wissen: Über das Leben von Wildschweinen in der Großstadt, die motorische Entwicklung im Kleinkindalter, die steigende nächtliche Lichtverschmutzung,

6   Frank Piller/Ralf Reichwald/Christopher Ihl, Interaktive Wertschöpfung – Produktion nach Open-Source-Prinzipien, in: Bernd Lutterbeck u. a. (Hg.), Open Source-Jahrbuch 2007. Zwischen freier Software und Gesellschaftsmodell, Berlin 2007, 87–102, hier 99.(http://www.opensourcejahrbuch.de/download/jb2007/, Abruf: 29.01.2015)
7   Andreas Fritsch, Open innovation – Der Kompetenz der Kunden trauen, in: Valentin Dessoy/Gundo Lames (Hg.), Siehe, ich mache alles neu! [Offb 21,5]. Innovation als strategische Herausforderung der Kirche, Trier 2012, 219–227. Matthias Sellmann, 'Verbreiterung der Löserbasis'. Ein neuer Blick auf das kirchliche Ehrenamt, in: Herderkorrespondenz 68 (2014) 138–143. Matthias Sellmann, Kirche als Raum interaktiver Wertschöpfung. Innovationstheologische Seitenblicke auf Betriebswirtschaftslehre und Zweites Vatikanisches Konzil, in: Markus Knapp/Thomas Söding (Hg.), Glauben in Gemeinschaft. Autorität und Rezeption in der Kirche, Freiburg/Br. 2014, 389–404. Florian Sobetzko, Interaktive Wertschätzung. Kirche innovationsgerichtet führen, in: Lebendige Seelsorge 65 (2014) 160–166.

den Landschaftswandel in der sächsischen Schweiz u. v. m.[8] Während Citizen Science in den USA schon länger das Interesse der etablierten Forschungsinstitutionen geweckt hat, ist Bürgerwissenschaft im deutschsprachigen Bereich eine relativ junge Entdeckung. Neben den derzeit dominierenden kollaborativen Projekten, in denen Bürger/innen Daten erheben, geht es bei der Ko-Produktion z. B. um die gemeinsame Auswertung von Datenmaterial durch Citizen Scientists und Wissenschaftsprofis. Auf Augenhöhe ist die Kooperation im Bereich des Ko-Designs, wo z. B. gemeinsam an der Generierung von Forschungsfragen gearbeitet wird.

Für den Wissenschaftstheoretiker Peter Finke verbindet sich mit der Citizen Science die „Vision der teilweisen Befreiung der Wissenschaft aus dem Elfenbeinturm und ihrer Rückkehr in die Mitte der Gesellschaft"[9]. Er betrachtet Citizen Science als „eine der stärksten, zugleich traditionsreichsten und modernsten Ausdrucksformen bürgerschaftlichen Engagements in der Zivilgesellschaft"[10]. Laien seien eben nicht dumm und das Wissen gehe auch vom Volk aus.

Als Stärken der Citizen Science benennt Peter Finke Anschaulichkeit, Lebensnähe, die Generierung von Handlungswissen, das bei der Bewältigung von Alltagsentscheidungen hilft, das besondere Interesse an lokalen und regionalen Aspekten des Wissens, der realistischere Umgang mit Ungenauigkeit, eine besondere Begabung für das Erkennen von Zusammenhängen (als Kehrseite der beschränkten Spezial- und Tiefenkenntnis).[11] Im Hinblick auf den etablierten Wissenschaftsbetrieb an den Universitäten hat Citizen Science eine Ergänzungs- und Kompensationsfunktion, eine Übersetzungsfunktion, eine Orientierungs- und Zusammenhangsfunktion und eine Kontrollfunktion und ist mithin unverzichtbar.[12]

Warum werden Bürgerinnen und Bürger zu Forschenden? – Aus vielfältigen intrinsischen Motiven: Weil sie neugierig und intelligent

---

8 Die angeführten Forschungsprojekte finden sich unter http://www.buergerschaffenwissen.de/ (Abruf: 29.01.2015)
9 Peter Finke, Citizen Science. Das unterschätzte Wissen der Laien, München 2014, 7.
10 Ebd.
11 Vgl. ebd., 59–81.
12 Vgl. ebd., 89–93.

sind, weil sie entdecken und bewahren wollen, weil sie sammeln und spielen.

Citizen Science geschieht ehrenamtlich. Bürger/innen forschen freiwillig und unentgeltlich, oft auch unter Einsatz erheblicher Eigenmittel. Angesichts der angespannten Finanzsituation in manchen Forschungsbereichen sind das von Bürger/innen generierte Datenmaterial und Wissen begehrt. – Doch wie ist es um den Schutz der Rechte an diesen Daten bestellt?

Im Kulturbereich: Bürgerbühnen

„Bürger, führt euch auf!" und „Verschwende deine Zeit!" – Mit Slogans wie diesen wirbt die Bürgerbühne am Staatsschauspiel Dresden. Auf dem Titelblatt des Spielplans 2014/15 liest man: ‚Wenn es die Bürgerbühne nicht gäbe, wüssten viele gar nicht, dass es mich gibt' (Darsteller der Bürgerbühne).

Seit der Spielzeit 2009/10 gibt es in Dresden die neue Sparte ‚Bürgerbühne'; andere Theater, wie z. B. das Nationaltheater Mannheim, sind inzwischen gefolgt. In diversen Spielclubs, in regulären Inszenierungen und bei Bürgerdinners bringen Bürger/innen sich und ihr Leben als ‚Experten des Alltags' auf die Bühne. Sie bieten ihre Themen und ihre Expertise an, sie stellen ihr Leben zur Verfügung. Den Menschen zu sehen und ihm viel zuzutrauen, das mache das Theater nützlich für die Stadt, meint Intendant Wilfried Schulz. Für die Darsteller/innen bedeutet die Bürgerbühne Teilhabe, für die Institution Theater Öffnung zur Stadt und zur Gesellschaft.

Über ihre Rolle als Regisseurin schreibt Miriam Tscholl, Leiterin der Dresdner Bürgerbühne: „Der Regisseur muss zulassen, dass die Darsteller die Experten der Geschichte sind, die sie auf der Bühne zeigen, und dass sie sich der Bühne und der Inhalte und Formen ihrer Darstellung ermächtigen. Seine Arbeit ist es, Fragen zu stellen, zuzuhören, zu beobachten, das Gesehene zu beschreiben und zu bestärken. […] Die Tatsache, dass ‚die nicht können, was man gerne zeigen würde', wird entschädigt durch Momente, die man sich so nicht hätte ausdenken können, weil sich plötzlich Erfahrungen körperlich und sprachlich veräußerlichen, die weit über mein Vorstellungsvermögen hinausgehen."[13]

Im Regelfall sind klassische Kulturangebote wenig individualisiert und in geringem Maß kundenintegrierend; Angebotsformen wie Bürgerbühnen versuchen das Gegenteil: Hier geht es um ein hohes Maß an aktiver künstlerischer Teilhabe und das unter professioneller Anleitung.

Man kann Bürgerbühnen unter dem Aspekt des ,Audiance Development', der strategischen Entwicklung neuen Publikums mit Hilfe unterschiedlicher Vermittlungsfunktionen, subsumieren. Denn in der Tat, ähnlich wie die christlichen Kirchen, steht auch die etablierte Kulturinstitution Theater unter einem nicht geringen gesellschaftlichen Legitimierungsdruck: Angesichts eines alternden, weniger werdenden Publikums – für wen oder was ist ein Theater (noch) nützlich? Was bringt es einer Stadt, eine solche Institution zu fördern und erhalten?

Man kann die Bürgerbühne auch unter der Perspektive des Sozialen betrachten: „Teilnehmer, die erleben, dass die Angebote der Bürgerbühne für sie von Wert sind, entwickeln voraussichtlich Zufriedenheit, Vertrauen und Engagement."[14] In den Bürgerbühnenprojekten entstehen Sozialkontakte unterschiedlichster Art. ,Im normalen Leben wären wir uns nicht begegnet', meinen viele. Und auch auf die Theaterprofis kommen plötzlich ungewohnte soziale Verpflichtungen zu (Konfrontation mit dem drohenden Ablauf einer Aufenthaltsgenehmigung, Kontakte mit dem Jugendamt, Selbstmord einer Darstellerin).

Schließlich kann man über Bürgerbühnen aber auch unter dem Aspekt der kulturellen Innovation nachdenken: Entsteht hier eine vitale, zukunftsträchtige neue Form des Theaters? – Hajo Kurzenberger sieht die Stärken der Bürgerbühne darin, dass sie „bodenständig und ortskundig" sei, die „Neuentdeckung der gesellschaftlichen Wirk-

---

13 Miriam Tscholl, Die Bürgerbühne. Beschreibung eines Modells, in: Hajo Kurzenberger/ Miriam Tscholl (Hg.), Die Bürgerbühne. Das Dresdner Modell, Berlin 2014, 20.
14 Achim Müller, Die Bürgerbühne als Beziehungsstifter, in: Hajo Kurzenberger/Miriam Tscholl (Hg.), Die Bürgerbühne. Das Dresdner Modell, Berlin 2014, 171.

lichkeit" betreibe und „einen phantasievollen Umgang mit der Wirklichkeit" propagiere und praktiziere.[15]

Das Wissen der Bürgerinnen und Bürger des Gottesvolks

Doch zurück zum Anfang. Zurück zum ehrenamtlichen Engagement in der Kirche und zu der Frage, wie das Expertenwissen der Getauften und Gefirmten in der Kirche (besser) zur Entfaltung kommen kann. Lernend aus den Entwicklungen in anderen gesellschaftlichen Teilsegmenten (Wirtschaft, Wissenschaft, Kultur) ist festzuhalten:

- Grundlegend ist, dass die Organisation Kirche und deren hauptberufliche Repräsentant/innen (an-)erkennen: Menschen, die sich in der Kirche engagieren, sind auf vielfältige Weise kompetent und wissend, sie sind Expert/innen des Alltags, Expert/innen des Lebens und Expert/innen des Glaubens.
- Lebensnähe, Konkretheit, Authentizität und Erfahrungssättigung, Handlungsorientierung, Fähigkeit zum vernetzten Denken zeichnen dieses Wissen aus.
- Dem ‚Not-invented-here-Phänomen' gegenüber dem Wissen der ehrenamtlich Engagierten ist entschieden gegenzusteuern; ein verantwortlicher und respektvoller Umgang mit dem freiwillig und unentgeltlich zur Verfügung gestellten Wissen muss selbstverständlicher Bestandteil der kirchlichen Organisationskultur werden.
- Im Wissen der ‚Bürgerinnen und Bürger des Gottesvolkes' liegt ein entscheidender Schlüssel für einen guten Weg der Kirche in die Zukunft: „Die Kirche braucht alle, die zu ihr gehören. Sie muss sie hören und respektieren. Sie muss ihnen Raum geben und Aufmerksamkeit. Sie braucht sie um ihres Lebens willen, das sie verkörpern, um ihres Glaubens willen, für den sie stehen, und um ihrer Liebe willen, zu der sie fähig sind. Die Kirche braucht sie, um zu entdecken, wo sie ist und was ihre Aufgabe als Kirche hier und

---

15 Ebd., 35–36.

heute ist. Sie braucht sie, um zu werden, was sie sein soll: Gottes Volk."[16]

Elke Langhammer

Literatur (in Auswahl):
- Rainer Bucher, Vom bösen Zauber falscher Vorstellungen. Zur pastoraltheologischen Problematik der soziologischen Kategorie ‚Ehrenamt', in: Diakonia 40 (2009) 269–275.
- Peter Finke, Citizen Science. Das unterschätzte Wissen der Laien, München 2014.
- Hajo Kurzenberger/Miriam Tscholl (Hg.), Die Bürgerbühne. Das Dresdner Modell, Berlin 2014.
- Peter Reichwald/Frank Piller, Interaktive Wertschöpfung. Open Innovation, Individualisierung und neue Formen der Arbeitsteilung, Wiesbaden ²2009.
- Matthias Sellmann, „Verbreiterung der Löserbasis". Ein neuer Blick auf das kirchliche Ehrenamt, in: Herderkorrespondenz 68 (2014) 138–143.

---

16 Rainer Bucher, Vom bösen Zauber falscher Vorstellungen. Zur pastoraltheologischen Problematik der soziologischen Kategorie ‚Ehrenamt', in: Diakonia 40 (2009) 274.

Ehrenamtliche in der Gemeindeleitung – ein Zukunftsmodell?

In einer der von Martin Buber überlieferten chassidischen Geschichten wird erzählt, dass Levi Jizchak gegen den Willen seines Schwiegervaters eine lange und wohl auch teure Reise zum berühmten Rabbi Schmelke unternommen hatte. Bei seiner Heimkehr nun will der Schwiegervater wissen, was die Reise gebracht und was er gelernt habe.

„Ich habe erlernt", antwortet Levi Jizchak, „dass es einen Schöpfer der Welt gibt." Der Alte rief einen Diener herbei und fragte den: „Ist es dir bekannt, dass es einen Schöpfer der Welt gibt?" „Ja", sagt der Diener. „Freilich", rief Levi Jizchak, „alle sagen es, aber erlernen sie es auch?"[1]

Der Weg vom Wissen und Kennen hin zum Lernen und erst recht zum Praktizieren kann sehr weit sein. Dies gilt auch für die zentralen Aussagen des Zweiten Vatikanums insgesamt, in besonderem Maße aber für die Texte, die von der Partizipation aller Getauften an der aktiven Gestaltung unserer Kirche sprechen. Das Konzil versteht unter Laien „die Christgläubigen, die durch die Taufe Christus einverleibt, zum Volke Gottes gemacht und des priesterlichen, prophetischen und königlichen Amtes Christi auf ihre Weise teilhaft, zu ihrem Teil die Sendung des ganzen christlichen Volkes in der Kirche und in der Welt ausüben" (Lumen gentium 31). Unterstrichen wird, dass die „geweihten Hirten" nicht dazu da sind, alles selber zu tun, sondern „Dienstleistungen und Charismen so zu prüfen, dass alle in ihrer Weise zum gemeinsamen Werk einmütig zusammenarbeiten" (LG 30); und es wird betont, dass das Tun der Laien unentbehrlich ist, um sie zu „ergänzen" ünd zu „stärken" (Apostolicam actuositatem 10)

Anteil am königlichen Amt Christi, immer wieder übersetzt auch als Hirtenamt, bedeutet zweifellos auch Anteil am Führungs-, am Lei-

---

1   Martin Buber, Die Erzählungen der Chassidim, Zürich 1949, S. 331f.

tungsauftrag. Mitwirkung an der Verkündigung der Botschaft Jesu und vor allem an der diakonischen Aufgabe, Gottes Liebe konkret erfahrbar zu machen, sind in der Wirkungsgeschichte des Zweiten Vatikanums relativ gut entfaltet worden: Unterentwickelt ist demgegenüber die Beteiligung am Dienst der Leitung. Darüber kann auch die Einführung von Pfarrgemeinderäten, die relativ rasch nach dem Konzilsende erfolgt ist, nicht hinwegtäuschen. Selbst da, wo sie nicht nur als Beratungsgremien, sondern ausdrücklich mit dem Recht, Beschlüsse zu fassen, als Leitungsgremien bezeichnet werden, trifft nicht selten zu, was der frühere Dezernent eines deutschen Bistums sagt: „Die Räte unserer Diözese werden beschäftigt, statt dass sie in ihrer Kompetenz und Verantwortung gefragt sind."[2]

Wo diese Diagnose zutrifft oder Sitzungsinhalte sich weitgehend auf Finanz-, Bau- und Verwaltungsfragen und auf die Organisation von Festen beschränken – das ist Gott sei Dank nicht überall so –, muss man sich nicht wundern, wenn es immer schwieriger wird, Kandidierende für ein solches Gremium zu finden, die dann auch noch bereit sind, sich auf wenigstens fünf Jahre zu verpflichten.

So unverzichtbar und wertvoll gewählte Gremien als synodales Element bei der Verwirklichung einer kooperativen Leitung auch sein mögen, so sind sie doch nicht hinreichend, um alle im Volk Gottes vorhandenen Charismen der Leitung, der Kooperation und Inspiration, im Dienst an der Vielfalt und Lebendigkeit einer Gemeinde, fruchtbar werden zu lassen. Die Diözese Rottenburg-Stuttgart hat deshalb bereits 1997[3] die Idee entwickelt, in den einzelnen Gemeinden jeweils ein überschaubares Team zu bilden, das im Auftrag des Kirchengemeinderats und mit diesem vernetzt, quasi als dessen „Exekutivorgan"[4], gemeinsam mit den hauptberuflichen Diensten pastorale Leitungs- und Koordinationsaufgaben wahrnimmt, für die Ausführung der Beschlüsse sorgt und darauf hinarbeitet, dass die Gemeinde von einer Versorgungspastoral sich immer mehr zum Sub-

---

2 Richard Hartmann, Anschub-Starthilfe für eine zu verändernde Kirche, Frankfurt am Main 2003, S. 82f.
3 Gemeindeleitung im Umbruch – Entwicklung einer differenzierten und kooperativen Leitung, Konzepte Nr. 1, Rottenburg am Neckar, 1997.
4 Vgl. Bernd Jochen Hilberath, in: Herausforderung Gemeindeentwicklung, S. 54ff.

jekt der Seelsorge entwickelt. Leider ist diese Idee mit der Bezeichnung „Pastoralausschuss" (die ursprüngliche Bezeichnung „Pastoralteam" hatte immer wieder zu Verwechslungen mit dem Team der hauptberuflichen pastoralen Dienste geführt), wieder etwas verwässert und in den allermeisten Gemeinden nicht wirklich realisiert worden.

Inspiration aus der Weltkirche

Manchmal muss man wie Levi Jizchak eine weitere Reise machen, um zu lernen, was eigentlich alle längst wissen. Bei meinen bescheidenen weltkirchlichen „Schnuppererfahrungen", u. a. in einigen Diözesen Mexikos und auf den Philippinen, hat mich tief beeindruckt, mit welcher Selbstverständlichkeit, mit wie viel Selbstbewusstsein, Herzblut und Freude Frauen und Männer ihre Leitungsaufgaben in einem Wohnviertel, in einer Basisgemeinde, für einen bestimmten Bereich der Pastoral oder einer bestimmten Dienstgruppe vorstellen.

Franz Weber, mit weitaus größerer weltkirchlicher Erfahrung, schildert seine Eindrücke so: „Ganz einfache Frauen und Männer, die sehr oft wenig oder fast keine Schulbildung besitzen, trauen sich dort zu, die vielen kleinen Gemeinden auf dem Land und an der Peripherie der Städte zu leiten und verschiedene Gemeindedienste zu übernehmen, weil sie selbst an das Wirken des Geistes Gottes in ihrem Leben und in ihrer pastoralen Aufgabe glauben und weil sie sich von ihrem Bischof und ihrem Pfarrer zu den verschiedenen Gemeindediensten auch offiziell beauftragt wissen. Dass dabei keineswegs alles perfekt funktioniert, dass menschliche Schwächen und Fehler, Eifersüchteleien und Streitigkeiten dort den gemeindlichen Alltag genauso prägen, wie das in unseren Pfarrgemeinden hier der Fall ist, darf und braucht nicht verschwiegen zu werden."[5]

Die dazugehörenden Priester, verantwortlich für weitaus größere und weiterverzweigte Gebiete als unsere pastoralen Räume, wirken nicht gestresst und unglücklich und sie werden von den lokalen Ver-

5   Franz Weber, in: Kirche bleiben im Nahbereich – Pfarrgemeindliche Leitungsmodelle mit Beteiligung Ehrenamtlicher, Linz 2009, S. 230.

antwortlichen keineswegs als überflüssig empfunden. Ihr Dienst der Einheit, ihr Wirken, Menschen zu berufen, zu ermutigen und zu befähigen und sie in der Feier der Eucharistie zusammenzuführen, wird als unverzichtbar betrachtet und genießt allerhöchstes Ansehen. Das Wort „Priestermangel" habe ich nie gehört.

Erzbischof Albert Rouet (Poitiers), hat dafür folgende Erklärung: „In Lateinamerika, in der Karibik, in Südostasien, in Afrika. Tausende von Christen sind anders organisiert, in Basisgemeinden, in Wohnviertelgemeinden, in Basisgruppen. Diözesen mit mehreren hunderttausend Einwohnern haben weniger als dreißig oder gar zwanzig Priester, die weniger überlastet erscheinen als die Priester bei uns in Frankreich. Christen – immer zusammen mit einem Priester – sorgen für das Leben aktiver, engagierter, frohgemuter Gemeinden. Keine Klagelieder über einen Rückgang! Weil sie die Organisation, die für unsere Vergangenheit bestimmend war, nie gekannt haben, waren sie auch nie in Versuchung zu meinen, Christus habe sie im Stich gelassen!"[6]

Anzunehmen, dieses in Andeutungen skizzierte Pastoralkonzept sei flächendeckend jeweils im ganzen Land bzw. Kontinent realisiert, wäre allerdings ein Irrtum. Obwohl es sowohl von der lateinamerikanischen wie von der asiatischen Bischofskonferenz klare Beschlüsse gibt, konsequent eine partizipative Pastoral zu fördern, gibt es Pfarreien, mitunter auch ganze Diözesen, in denen Pastoral so priesterzentriert gestaltet wird, dass man fast den Eindruck gewinnen könnte, das Zweite Vatikanum hätte niemals stattgefunden. Dies zeigt, dass die neue Art, Kirche zu gestalten, nicht, wie oft behauptet wird, allein mit einer anderen Mentalität, einfacherem Lebensstil und ärmeren Verhältnissen zusammenhängt.

Eine partizipative Pastoral kann sich in aller Regel nur da entfalten, wo sie von der jeweiligen Diözesanleitung und vom jeweiligen Pfarrer auch wirklich gewollt und aktiv gefördert wird.

---

6 Albert Rouet, in: Reinhard Feiter/Hadwig Müller (Hg.), Was wird jetzt aus uns, Herr Bischof? – Ermutigende Erfahrungen der Gemeindebildung in Poitiers, Ostfildern 6. Auflage 2014, S. 25.

Beispiele aus Europa

Inzwischen muss man nicht mehr unbedingt auf ferne Kontinente reisen, um gelungene Beispiele für eine Beteiligung Ehrenamtlicher in der Gemeindeleitung zu finden; es gibt sie auch in Europa. Allen voran ist dabei die Erzdiözese Poitiers im Südwesten Frankreichs zu nennen, deren inzwischen emeritierter Erzbischof Albert Rouet dezentrale Strukturen favorisiert (eine seiner pointierten Aussagen im persönlichen Gespräch: „Die einzige Zentralisierung, die wirklich funktioniert, ist der Wiener Zentralfriedhof") und eine, wie er es ausdrückt, „Kopernikanische Wende" fordert, „den Übergang aus dem Zustand, in dem Laien als fleißige und tüchtige Mitarbeiter um den Priester kreisen, um ‚dem Herrn Pfarrer zu helfen', hin zu einem Status wirklicher, verantwortlicher Gemeinden" mit einem Priester zu ihrem Dienst, der von Gemeinde zu Gemeinde geht und sich für jede Zeit nimmt.[7]

Und an anderer Stelle: „Wenn man befürchtet, dass die Laien nicht zum pastoralen Handeln fähig sind, warum firmt man sie dann? Sollten sie Unmündige in der Kirche bleiben?"[8] Der Grundsatz dezentraler Strukturen und die Gemeinde als Subjekt pastoralen Wirkens zu verstehen, konkretisiert sich in sogenannten Pastoralequipen, denen in der Regel fünf Personen angehören. Zwei davon werden in einer Gemeindeversammlung gewählt: eine mit der Aufgabe, die Equipe zu leiten und die Gemeinde im Sektor zu vertreten (in etwa vergleichbar unseren Seelsorgeeinheiten), und eine zweite, mit dem Auftrag, die Finanzen zu verwalten. Die drei für die Grunddienste Diakonie, Liturgie und Verkündigung Verantwortlichen dagegen werden berufen; in ihrem konkreten Dienst werden sie jeweils von weiteren Mitverantwortlichen in diesem pastoralen Bereich unterstützt. Die Teams arbeiten jeweils partnerschaftlich zusammen und pflegen eine gemeinsame Spiritualität. Ein Sektor umfasst bis zu zehn solcher örtlicher Gemeinden, die auf diesem Gebiet von einem Priester begleitet und unter-

---

7 Ebd. S. 27.
8 Ebd. S. 24.

stützt werden, der mit ihnen immer wieder Eucharistie feiert und die Sakramente spendet.

Pfarrer Peter Adolf, der die in Poitiers bewährten Elemente so weit wie möglich auf die Verhältnisse einer Bonner Großpfarrei übertragen hat, wird an anderer Stelle dieses Buches mit einem eigenen Beitrag zu Wort kommen. Auch das Bistum Lüttich orientiert sich seit vielen Jahren am Konzept von Poitiers und die in zunehmendem Maße aufkeimenden, größtenteils noch „zarten Pflänzchen" stärkerer ehrenamtlicher Beteiligung an Gemeindeleitung im deutschsprachigen Raum (vor allem Linz, aber auch Hildesheim, Osnabrück, Aachen, Münster) scheinen neben Beobachtungen bei weltkirchlichen Exposure-Erfahrungen ebenfalls von Poitiers inspiriert und ermutigt zu sein. Ich habe den Eindruck, dass sich im Gesamtblick folgende Gestaltungselemente als hilfreich für eine Weiterentwicklung herauskristallisieren:

Unterscheidung von Pfarrei bzw. Seelsorgeeinheit und Gemeinde

Große pastorale Einheiten (Großpfarrei, Gesamtkirchengemeinde, Seelsorgeeinheit) brauchen zwar eine Beteiligung Ehrenamtlicher in einem synodalen Vernetzungsgremium, wenn aber von ehrenamtlicher Gemeindeleitung die Rede ist, muss in kleineren Einheiten gedacht werden. Mit Gemeinde ist weder in Mexiko oder auf den Philippinen noch in Poitiers oder Bonn einfach das ganze Pfarrgebiet gemeint. Auch bei uns wird man sorgfältig unterscheiden müssen zwischen Pfarrei bzw. Kirchengemeinde als Körperschaft öffentlichen Rechts, für die das Amt des Pfarrers konstitutiv ist, und Gemeinden, von denen bereits Paul VI. in Evangelii Nuntiandi mit großer Selbstverständlichkeit davon ausgeht, dass sie von Laien geleitet werden können:

„Solche Ämter, die zwar neu in ihrer Erscheinungsform, aber doch sehr mit den Erfahrungen zusammenhängen, die die Kirche im Laufe der Geschichte gemacht hat – z. B. das Amt des Katecheten, des Vorbeters, des Vorsängers, der Christen, die sich zum Dienst am Wort Gottes oder zur Hilfstätigkeit für den Bruder in Not bereitstellten, das Amt des Leiters kleiner Gemeinschaften, des Verantwortlichen apostolischer Bewegungen oder der übrigen verantwortlichen Leiter –, sind alle wertvoll für die Einpflanzung, das Leben und Wachsen der Kirche." (Evangelii Nuntiandi 10)

Wenn von ehrenamtlicher Leitungsverantwortung die Rede ist, bezieht sich diese entweder auf ein begrenztes Territorium wie Stadtteil, Wohnviertel, Dorf oder Teil einer großflächigen Kirchengemeinde, die mitunter ja sogar aus mehreren Kommunalgemeinden besteht, oder aber auf einen begrenzten pastoralen Bereich wie z. B. Erwachsenenbildung oder Öffentlichkeitsarbeit.

Bernhard Spielberg spricht im Zusammenhang mit der Unterscheidung von Pfarrei und Gemeinde von zwei unterschiedlichen Sozialformen der Kirche:

„Ein wesentliches Merkmal der basisgemeindlichen Ansätze, wie sie sich weltweit zeigen, ist die Differenzierung zwischen Pfarrei und Gemeinde als unterschiedliche Sozialformen der Kirche. Die Rede von der Pfarrei als Gemeinschaft von Gemeinschaften bringt das veränderte Verhältnis auf den Punkt. ... Kirchliches Leben und seelsorgerliches Handeln sind nicht an die Sozialform Pfarrei und die darin angestellten hauptberuflichen Mitarbeiterinnen und Mitarbeiter gebunden, sie geschehen dort, wo zwei oder drei im Namen Jesu zusammenkommen (vgl. Mt 18,20)."[9] Und Richard Hartmann fordert mit Nachdruck ein neues „differenziertes Leitungsnetzwerk", das „die Polarität der Eigenverantwortung der kleinen Einheiten und der größeren differenzierten Netzwerke aushält und ebenso die Polarität zwischen amtlich-sakramentaler Verkündigung und Verantwortung und ekklesial-kommunikativer Entfaltung".[10]

Das zentrale Anliegen einer partizipativen Pastoral in überschaubaren Einheiten ist, Subsidiarität zu gewährleisten und eine Pastoral der Nähe zu ermöglichen.

Wie sehr zu viel Zentralisierung und Alleinzuständigkeit schadet, ist bereits in Ex 18,13–27 nachzulesen: „Es ist nicht richtig, wie du das machst, so richtest du dich selbst zugrunde und auch das Volk, das bei

---

9   Bernhard Spielberg, Kann Kirche noch Gemeinde sein? Würzburg 2008, S. 372.
10   Richard Hartmann (vgl. Anm. 2), S. 150.

dir ist. Das ist zu schwer für dich, allein kannst du es nicht bewältigen" (Ex 18,18).

Nicht weil Ehrenamtliche eine auf ihre begrenzten Zeitressourcen abgestimmte pastorale „Spielwiese" brauchen, sind kleine Einheiten notwendig, sondern umgekehrt: Kleine Einheiten mit aus ihrer Mitte heraus entwickelten Leitungsdiensten sind nötig, um in anonymen, zentralisierten pastoralen Großgebieten nicht Nähe, Beziehung und Solidarität verloren gehen zu lassen und insbesondere in der Peripherie nicht pastoral zu „versteppen".

Team und Charismendifferenzierung

Wenn Paulus von Gemeindebildung spricht, wird er nicht müde zu betonen, dass niemand alles können muss, sondern unterschiedliche Charismen und Dienste einander ergänzen, aber in einem Geist zusammenwirken (u. a. Röm 12,1–8; 1 Kor 12,12–30; Eph 4,7–13).

Nicht nur, aber auch weil sie biblisch gut begründet ist, halte ich Teamlösungen (möglichst mit Männern und Frauen) für die angemessenste Form, Ehrenamtlichen Gemeindeleitungsaufgaben anzuvertrauen. Sie schützen vor Überforderung und Einseitigkeiten, ermöglichen gegenseitige Beratung, Korrektur und Ergänzung; sie sind Ausdruck einer kommunikativen Pastoral und einer Communio-Spiritualität.

Der inzwischen emeritierte Bischof Fritz Lobinger, Diözese Aliwal in Südafrika, war und ist ein überzeugter Befürworter ehrenamtlicher Leitungsverantwortung. Beauftragung einzelner Personen aber hat er, mit dem Hinweis auf die Gefahr einer „Klerikalisierung" im Sinne einer Anmaßung von Alleinzuständigkeit oder eines „Hineingedrängtwerdens" in eine solche, konsequent abgelehnt. Eher hätte er auf eine Beauftragung ganz verzichtet, als Einzelne zu beauftragen.[11]

---

11 Persönliches Gespräch und „Leutepriester in lebendigen Gemeinden", Ostfildern 2003, S. 35ff (in Zusammenhang mit seiner Idee, dass eines Tages bewährte Leitungsteams vom zuständigen Bischof ermächtigt werden könnten, mit ihrer Gemeinde auch Eucharistie zu feiern).

Ganz ähnlich scheint es in Poitiers gesehen zu werden. Es wird großer Wert darauf gelegt, dass die drei Grunddienste, wenngleich sich die daraus ergebenden Aufgaben überschneiden, jeweils von einer anderen Person verantwortet werden. Aber auch diese Personen wirken in ihrem Bereich nicht als „Einzelkämpfer", es gehört viel mehr zu ihren vorrangigen Aufgaben, nach weiteren Personen Ausschau zu halten, die diese Aufgaben mit gewissen Spezialisierungen wiederum arbeitsteilig mittragen.

Differenziertes Verständnis von Leitung

Weder in der Erzdiözese Poitiers noch in Linz und Bonn wird von „Leitungsteam" gesprochen, sondern von Equipen bzw. Seelsorgeteams. Der Grund dafür scheint weniger die Befürchtung zu sein, mit dem Kirchenrecht zu kollidieren, als vielmehr die Gefahr, dass mit dem Begriff „Leitung" vorschnell „entscheiden, bestimmen, diktieren, kontrollieren, regieren" also Machtausübung assoziiert werden könnte: Was eine diakonische, dialogische, missionarische Kirche am allerwenigsten braucht, sind Menschen mit Chefallüren, Geltungssucht und Karrierestreben. Bei der Mitwirkung am Aufbau des Reiches Gottes als Mitarbeiter/innen Gottes geht es um den Dienst an den Menschen und am Gelingen ihres Lebens und Zusammenlebens, es geht um ein beziehungsstiftendes Wirken, um ein Entdecken und Fördern von Charismen, es geht um ein Ermutigen zu mündigem Christsein, um ein Anteilnehmen an den Freuden und Hoffnungen, an den Ängsten und Sorgen der Menschen und es geht um Vertrauen.

Wenn ich in meinem Beitrag, möglicherweise etwas zu unbefangen, von „ehrenamtlichen Leitungsteams" spreche, habe ich vor allem diese Dimensionen von Leitung im Blick, die in Poitiers im Sinne eines Anteilnehmens an der Hirtenaufgabe des Bischofs mit dem starken Zeichen zum Ausdruck gebracht wird, dass alle gemeinsam den Bischofsstab berühren.

Kultur des Rufens

Die oben genannten Aspekte des Leitungsdienstes lassen erahnen, dass dafür nicht automatisch die Personen mit dem höchsten Bekanntheitsgrad und damit mit den größten Chancen, gewählt zu werden, am geeignetsten sind und erst recht nicht diejenigen, die sich selber in den Vordergrund drängen, weil sie am Ehrenamt vor allem die Ehre interessiert.

Während viele unserer Kirchengemeinden von fertigen Aufgabenkatalogen her denken und dafür Ehrenamtliche suchen, die diese Aufgaben möglichst effektiv und vor allem möglichst lange wahrnehmen, hat man in Poitiers gelernt, im Vertrauen darauf, dass Gott jeder Gemeinde die Charismen schenkt, die sie für ihren Auftrag braucht, Sensibilität auch für jene Möglichkeiten zu entdecken, die weniger offensichtlich und den Gerufenen meist selber nicht bewusst sind.

„Das Rufen ist demnach kein Privileg", so Jean-Paul Roussel, sondern eine „wechselseitige wahrzunehmende Verantwortung. Vor einer positiven Antwort erheben sich mitunter viele Fragen und Zweifel. Persönliches Nachdenken und Gespräch brauchen ihre Zeit. Diese Zeit gibt oft Gelegenheit zu der Erkenntnis. Es liegt nicht an unserer persönlichen Fähigkeit, als ob wir uns selbst etwas zuschreiben könnten, vielmehr stammt unsere Befähigung von Gott (2 Kor 3,5). Wer hat noch nie ungeahnte Möglichkeiten in sich entdeckt, obwohl er anfangs gemeint hat, dem ergangenen Ruf unmöglich entsprechen zu können? Oft glauben wir, man habe uns gerufen, weil wir selbst zur Antwort fähig seien. Für Paulus ist es genau umgekehrt. Weil wir gerufen sind, werden wir zur Antwort fähig ... Diese dialogische Struktur von Ruf und Antwort ist konstitutiv für christliche Berufung. Aber ein weiteres Element gehört notwendig hinzu: Die Aussendung zur Mission. In der Schrift gibt es kein Ruf-Antwort-Geschehen ohne Sendung."[12]

Roussel verweist in diesem Zusammenhang auf das immer wieder vorkommende Wort „Geh" bei Abraham, bei Mose, Amos, Jesaja, Jeremia, Ezechiel.

---

12   Jean-Paul Roussel, in: Was wird jetzt aus uns, Herr Bischof?, (vgl. Anm. 6) S. 75f.

Die in Poitiers gepflegte Kultur des Rufens ist so ein zutiefst spirituelles Geschehen in der Haltung des Vertrauens auf Gott und des Vertrauens in die Menschen, des Volkes Gottes, und es ist die Kultur einer missionarischen Kirche, die Menschen deshalb einbezieht, weil sie Gott einbezogen haben möchte, nicht weil wir sie brauchen, um den gewohnten „Betrieb" von Kirche am „Laufen" zu halten.

Zeitliche Befristung

In Kirchengemeinden, in denen oft stillschweigend erwartet wird, dass Ehrenamtliche den Dienst, den sie einmal übernommen haben, möglichst bis zum Lebensende tun, und in denen es üblich ist, für 30- oder 40-jährige Tätigkeit Ehrennadeln zu verteilen oder Urkunden auszustellen, wird der Gedanke einer zeitlichen Befristung, die in Poitiers für unentbehrlich gehalten wird, fremd sein. Erzbischof Rouet begründet sie folgendermaßen:

„Sehr früh haben wir gemerkt, dass nichts so sehr zur Erstarrung führt, wie wenn Aufgaben für unbestimmte Zeit übernommen werden. Wenn in einer Pfarrei die Katechese seit 17 Jahren von ein und derselben Person erteilt worden ist, kann man getrost davon ausgehen, dass sich für sie kein Ersatz finden wird. Kein Freiwilliger wird bereit sein, sich auf einen nicht terminierten Vertrag einzulassen! Daher der Beschluss, dass jede Beauftragung für drei Jahre übertragen wird und nur einmal um drei Jahre verlängert werden kann."[13]

Und Reinhard Feiter ergänzt: „Verhindert wird, was auch in deutschen Pfarrgemeinden zu beobachten ist. Jemand wird ‚unersetzlich' und in der Folge sind die anderen Leute in der Gemeinde ebenso erleichtert, weil entlastet, wie unzufrieden. Denn die betreffende Person, manchmal eine Familie, manchmal sogar eine ‚Dynastie', sichert den Dienst, den man haben will, blockiert aber zugleich Veränderungen und Entwicklungen – und vor allem: andere, neue Leute kommen nicht ‚dazwischen'.

---

13   Albert Rouet, in: ebd., S. 29.

Allerdings ist das nur die eine, die negative Seite. Die positive Seite der Befristung von Beauftragungen ist sicherlich auch die Überschaubarkeit der Aufgabe für jene, die sie übernehmen. Sie kommt so den Wandlungen entgegen, denen ehrenamtliches Engagement heute unterliegt. Doch die Folge, immer wieder neue Leute finden zu müssen für die Übernahme von Verantwortung, ist von noch größerer Bedeutung. Denn drei Jahre, selbst sechs Jahre sind schnell vergangen. So bringen sich örtliche Gemeinden und Sektor aber in einen Zugzwang, permanent Ausschau zu halten und Leute zu fragen – und schon bald auch solche fragen zu müssen, die nicht von vornherein ‚platziert' sind. Es muss Vertrauen aufgebracht werden, Vertrauen in Personen, in die Fähigkeiten, die in ihnen schlummern, in die Entwicklung, die sie durch die Übernahme von Verantwortung durchlaufen werden."[14]

Zeitliche Befristungen schützen vor Überforderung, erhöhen die Bereitschaft, „Ja" zu sagen, bewahren vor Verkrustungen, Einseitigkeiten, vor Milieuverengung und Machtanhäufung und was vielleicht das Allerwichtigste ist: Sie haben missionarisch multiplikatorische Wirkung, weil es dadurch gelingt, möglichst viele schlummernde Charismen einzubeziehen. Die dabei entwickelten und zugewachsenen Kompetenzen sind nach Beendigung des Dienstauftrages ja nicht verloren, sondern können anderweitig fruchtbar werden, mitunter auch außerhalb der Kirche. Und wer einmal in einer Equipe mitgearbeitet hat, wird vermutlich von „der Kirche" nie mehr so reden, als gehöre er selber nicht dazu.

Offizielle Beauftragung und Verständnis von Ehrenamt

Aus dem angesprochenen Dreiklang von Berufung, Antwort und Sendung ergibt sich zwangsläufig die Notwendigkeit einer öffentlichen und sinnvollerweise auch liturgischen Beauftragung. Bei einem Besuch in Poitiers hatte ich Gelegenheit, eine solche Beauftragung im Rahmen einer Eucharistiefeier mitzuerleben. Ich war tief beeindruckt,

---

14 Reinhard Feiter, in: ebd., S. 162f.

mit welcher Ernsthaftigkeit und mit wie viel Herzblut die Beauftragten einzeln ihr auf den jeweiligen Dienst zugeschnittenes Versprechen abgelegt haben und wie der zuständige Pfarrer dem Bischof versichert hat, diese Dienste zu unterstützen und mit ihnen vertrauensvoll zusammenzuarbeiten.

Ist der Begriff „Ehrenamt" für diese Dienste passend? Lieber wäre mir, von „beauftragen Diensten" zu sprechen. Die Bezeichnung für das Team wäre dann, wenn zugegebenermaßen auch etwas kompliziert klingend, „Team der beauftragten Dienste für die Gemeinde ...“

Insgesamt schlage ich vor, mit dem Begriff „Ehrenamt", wenn er denn schon unbedingt sein muss, sparsam umzugehen und ihn nur dann zu verwenden, wenn ein offizieller Auftrag (im Namen der Gemeinde bzw. des Pfarrers zu agieren), durch Berufung oder Wahl dafür vorliegt. Alles andere an Mitwirkung zur Gestaltung einer Gemeinde soll damit nicht abgewertet sein und ist unendlich wertvoll und unverzichtbar, sollte gleichzeitig aber auch für einen getauften und gefirmten Christen so selbstverständlich sein wie die Beteiligung an der Gestaltung eines Familienlebens.

Und wenn in einer Bergsteigergruppe Menschen einander beim Absichern und Abseilen helfen, käme auch niemand auf die Idee, dies als Ehrenamt zu bezeichnen.

Eine Gefahr für die hauptberuflichen Dienste?

Weder in Mexiko noch in Poitiers oder Linz scheint es Anzeichen dafür zu geben, dass durch die Beauftragung der beschriebenen Leitungsteams hauptberufliche Dienste in den Hintergrund gedrängt oder gar als überflüssig betrachtet werden. Sie sind nicht verzichtbar, weder von unserem theologischen Verständnis von Kirche her noch für die konkrete pastorale Praxis. Sehr wohl aber sind sie herausgefordert, ihre Rolle anders zu gestalten.

Speziell auf den priesterlichen Dienst hin formuliert Erzbischof Rouet: „Er ist nicht mehr der Mann des Organisierens, der sich um alle Details selbst kümmert, der alles weiß und alles dirigiert. Er muss zum Kern der Sache kommen, zu dem, was seine ganz eigene Sache ist.

Er muss dem Wachstum im Glauben und der missionarischen Dynamik dienen."[15]

Gisèle Bulteau drückt es so aus: „Er ist weder der Vorgesetzte (derjenige, den man vor jeder Aktion erst um Erlaubnis bitten muss), noch derjenige, bei dem alles zusammenläuft. Er ist viel mehr derjenige, der daran erinnert, dass es Christus selbst ist, der in der Mitte der Gemeinschaft steht. Er ist derjenige, der ruft, versammelt und sendet, damit sich der Leib bildet, dessen Haupt Christus ist. Er wiederholt unaufhörlich, dass im Volk Gottes für jeden und jede Platz ist."[16]

Und noch einmal der Erzbischof: „Die Freuden eines Vaters – sein Stolz – sind die Kinder, die erwachsen geworden. Der Priester bringt die Gläubigen dazu, dass sie im Glauben wachsen; er hilft ihnen, dass sie sich an dem Wort Gottes nähren; er schaut auf ihr Handeln und liest es im Licht des Glaubens; er ermöglicht, eine aus der Ausübung der Mission hervorgehende geistliche Erfahrung, miteinander zu teilen."[17]

In der Personalentwicklung nennt man so zu leiten „Empowerment" – ohne ein solches wird Ehrenamt in einer von Mündigkeit geprägten Gesellschaft nicht zukunftsfähig sein.

Neben dem beschriebenen Selbstverständnis der hauptberuflichen Dienste und deren Haltungen gehören zum Empowerment selbstverständlich eine fachliche Begleitung, gute Fortbildungsangebote und ein regelmäßiger Erfahrungsaustausch der Teams untereinander im Pastoralraum, im Dekanat und in der Diözese.

Im Folgenden der oben genannten Ausführungen betont Rouet, dass es nicht zuletzt seine Aufgabe ist, durch die Feier der Sakramente, insbesondere der Eucharistie, die Gemeinschaft unter den Gemeinden zu fördern, also vernetzend zu wirken.

Die einzelnen Gemeinden vergleicht er mit Gliedern eines Leibes; dabei sieht er den Pfarrer als Bindeglied und folgert daraus: „Je stärker die Glieder sind, desto solider müssen die Gelenke sein. Die den Laien anvertrauten Aufgaben machen, so gesehen, die Verantwortung des Priesters noch unverzichtbarer."[18]

---

15 Albert Rouet, in: ebd., S. 39.
16 Gisèle Bulteau in: ebd., S. 62f.
17 Albert Rouet, in: ebd., S. 38f.
18 Albert Rouet, in: ebd., S. 39

Das Stichwort „Bindeglied" könnte hilfreich sein, auch die Rolle der in zahlreichen deutschsprachigen Diözesen hauptberuflichen pastoralen Ansprechpersonen (Diakone, Gemeinde- bzw. PastoralreferentInnen, die neben Aufgaben für die ganze Seelsorgeeinheit in einer oder mehreren Gemeinden einen sozusagen territorialen Schwerpunkt haben) zu charakterisieren. Neben ihrer Aufgabe, die beauftragten Ehrenamtlichen zu unterstützen, zu begleiten und eine „Kultur des Rufens" (die nicht ohne persönliche Kontakte möglich ist) zu fördern, sehe ich ihre Aufgabe vor allem darin, das lebendige Bindeglied zwischen den einzelnen Gemeinden und dem hauptberuflichen Pastoralteam zu sein, für Kommunikation und Vernetzung zu sorgen.

Hauptberufliche Pastorale Ansprechpersonen sind kein Ersatz für Teams beauftragter Ehrenamtlicher und ehrenamtliche Leitungsteams kein Ersatz für hauptberufliche pastorale Ansprechpersonen. Der Schlüssel zum Wachstum der Gemeinden wäre ein partnerschaftliches konzertiertes Zusammenspiel.

Schlussbemerkungen

Es kann nicht darum gehen, Leitungsmodelle aus anderen Kontinenten, aus Poitiers oder Linz (die ja selber jeweils noch weiterzuentwickeln sind) einfach zu kopieren und zu meinen, damit seien alle Probleme gelöst. Aber es geht darum, von diesen Erfahrungen sich ermutigen und anregen zu lassen, in der eigenen Diözese, in der eigenen Seelsorgeeinheit Experimente zu wagen. Es geht darum, die Früchte des Zweiten Vatikanums nicht verkümmern zu lassen, bevor wir sie überhaupt verkostet haben. Es geht darum, vorhandene Charismen nicht brach liegen zu lassen.

In einem Interview zu den Erfahrungen mit ehrenamtlichen Seelsorgeteams der Diözese Linz habe ich das schöne Zitat gefunden: „Wenn ich Bischof wäre und wüsste, wie viele Talente bei meinen Christen rundherum in der Diözese sind und welche hohe Motivation es auch von den Leuten gibt, die etwas machen, ich würde im Bischofshof tanzen vor lauter Freude."[19]

Es geht darum, Gemeinden von Objekten der Versorgung und Belehrung zu Subjekten der Pastoral weiterzuentwickeln und Ehrenamtliche von Helfern des Pfarrers zu Mitarbeiterinnen und Mitarbeitern Gottes. Dazu noch einmal Erzbischof Rouet: „Lange Jahre haben Menschen ihre Kräfte verbraucht, um Priestern zu helfen und zu Diensten zu sein. Ihre ausdauernde und treue Beharrlichkeit hat niemandem Mut gemacht, ihre Aufgabe zu übernehmen. Einen solchen Dienst mag man bewundern, aber er bringt keine Freiheit in der Kirche hervor."[20]

Es geht auch darum, die viel beschworene missionarische Dimension unserer Kirche konkret werden zu lassen, vor allem aber darum, in immer größer werdenden Seelsorgeräumen eine Kirche der Nähe zu gewährleisten, damit Menschen nicht durch Anonymität und Zentralismus heimatlos werden. Wenn wir pastorale Räume in Zukunft mehr als Netzwerke vielfältiger Gemeinden, Gemeinschaften und kirchlicher Orte verstehen möchten (wie es in vielen diözesanen Konzepten zu lesen ist) und darüber hinaus noch weitere pastorale Orte in den Blick zu nehmen gedenken, werden solche Netzwerke nur dann tragfähig sein, wenn wir an den einzelnen Knotenpunkten dezentrale Leitung und Eigenverantwortung stärken.

Es geht bei all dem Genannten nicht um eine „Notlösung", die wieder verschwinden könnte, wenn es eines Tages wieder mehr Berufungen zum hauptberuflichen pastoralen Dienst geben würde; es geht nicht darum, Ehrenamtliche als Lückenbüßer zu rekrutieren.

Es geht nicht um Notlösungen, wenngleich nicht auszuschließen ist, dass Gottes Geist bisweilen unsere Nöte dazu nutzt, Veränderungen anzustoßen, zu denen wir ohne diese Not nicht den Mut finden würden. Unsere Kirche befindet sich in einer Situation, in der wir herausgefordert sind, mehr auf diesen Geist und mehr auf die Menschen im Volk Gottes zu vertrauen. Angst vor Veränderungen wäre ein Zeichen dafür, dass es gerade daran fehlt.

---

19 Helmut Eder, in: Kirche bleiben im Nahbereich (vgl. Anm. 4), S. 108.
20 Albert Rouet, a. a. O., S. 34.

Karl Rahner hat dazu vor mehr als 50 Jahren starke Worte gefunden: „Der Geist kann ausgelöscht werden, wenn nicht ganz in der Kirche, so doch so weit von uns selber und so schrecklich, dass wir jenes Gericht fürchten müssen, das beim Hause Gottes anfängt, wie die Schrift sagt, und darum muss uns all die Sorge quälen, dass wir es sein könnten, die den Geist auslöschen. Ihn auslöschen durch Hochmut der Besserwisserei, durch Herzensträgheit, durch Feigheit, durch Unbelehrbarkeit, mit denen wir neuen Impulsen, neuem Drängen in der Kirche begegnen. Wie vieles wäre anders, wenn man dem Neuen nicht so oft entgegentreten würde, mit der überlegenen Selbstsicherheit, mit einem Konservatismus, der nicht Gottes Ehre und Lehre und Stiftung der Kirche verteidigt, sondern sich selbst, die alte Gewohnheit, das Übliche, das man leben kann, ohne den Schmerz der täglichen neuen Metanoia. Wenn man aber brennend empfände, dass man auch gerichtet werden kann durch und wegen seiner Unterlassungen, für eine diffuse, anonyme Herzenshärte und -trägheit, für seinen schuldhaften Mangel an schöpferischer Phantasie, an Mut zu Kühnem, dann würde man hellhöriger, vorsichtiger, zuvorkommender auf die leiseste Möglichkeit achten, dass sich irgendwo der Geist rege, der nicht schon amtlichen Stellen eingegangen ist. Dann würde man sehnsüchtig ausschauen, ob nicht Charismen sich melden, für die wir erst einen Blick und ein Gespür erwerben müssen."[21]

Max Himmel

21 Karl Rahner, Löscht den Geist nicht aus – Probleme und Imperative des Österreichischen Katholikentages Innsbruck-Wien-München 1963, S. 15–25 (Ich verdanke dieses Zitat Slawomir Dadas in (vgl. 4), S. 132

Beauftragung von ehrenamtlich Engagierten in der Kirche – Ein Beitrag zur Stärkung ihres Engagements?

Ein feierlicher Gottesdienst, in dem neue Engagierte in ihren Dienst eingeführt werden. Eine Urkunde, welche die zu übernehmende Verantwortung beschreibt und vielleicht die Unterschrift des Bischofs trägt. Ein Protokoll, in dem festgehalten wird, wer in wessen Auftrag welche Aufgabe erfüllt. Ein Gebet, das den Dienst der engagierten Gläubigen unter den Segen Gottes stellt. – Sind dies Instrumente, Mittel und Wege, die ehrenamtlich in der Kirche Engagierten in ihrer Motivation zu bestärken, das Engagement der Christinnen und Christen in ihren Gemeinden und darüber hinaus zu fördern sowie ihre Rolle als ehrenamtlich Engagierte abzusichern?

Schnell zeigt sich, dass diese Art der erweiterten Fragestellung über die bisher geführten und sicher bekannten Diskurse zum Thema „Ehrenamt" hinausgeht. In der aktuellen Debatte um kirchliches Engagement geht es nicht mehr allein um die Fragen nach einer Erlaubnis („Was dürfen die Ehrenamtlichen?") oder um Angelegenheiten einer Aktivierung („Bitte arbeitet doch mit")[1]. So kann auch in der Frage nach der Beauftragung von Engagierten nicht einfach eine Antwort darauf gesucht werden, welche Ehrenamtlichen durch wen zu welchem Dienst beauftragt werden sollten. Vielmehr müssen heute die Herausforderungen der Anerkennung und Wertschätzung der Engagierten und die Auswirkungen des kirchlichen Struktur- und Kulturwandels, die den Alltag ehrenamtlichen Engagements in den Gemeinden und kirchlichen Institutionen bestimmen, berücksichtigt werden.

---

1 Rainer Bucher, Vom bösen Zauber falscher Vorstellungen. Zur pastoraltheologischen Problematik der soziologischen Kategorie „Ehrenamt". In: Diakonia 40 (2009) 4, S. 269–275, 271. Vgl. auch ders., Der lange Weg vom Erlaubnis- zum Ermöglichungsdiskurs. In: M. Böhnke/Th. Schüller (Hg.), Gemeindeleitung durch Laien? Internationale Erfahrungen und Erkenntnisse. Regensburg 2011, S. 34–57.

So richtet sich der Blick in dieser Thematik auf die Frage nach einer nachhaltigen Stärkung der Partizipation aller Getauften und Gefirmten. Zu fragen bleibt daher weiter, inwiefern eine Beauftragungspraxis nicht nur die Übernahme von Diensten und Verantwortung regelt, sondern einen ernstzunehmenden Beitrag zur Kirchenentwicklung leisten kann.

Ekklesiologische Grundlagen

Im Umgang mit den Herausforderungen in der Pastoral, denen sich die Akteure in den Gemeinden und Seelsorgefeldern ebenso wie die Verantwortlichen auf diözesaner Ebene derzeit stellen, wird immer wieder die Relevanz einiger theologischer Prinzipien betont, auf deren Grundlage die Kirche in Deutschland ihre Schritte in die Zukunft machen soll. Diese Ansätze zu einer Ekklesiologie, deren Bedeutung das Zweite Vatikanische Konzil herausgestellt hat, geben weiterführende Impulse für aktuelle Entwicklungslinien in der Pastoral, die maßgeblich das Verständnis und die Rolle der bisher so genannten „Ehrenamtlichen" betreffen.

Vor der Beschreibung jeglicher Unterschiede im Volk Gottes stellt die Kirchenkonstitution zuerst die Gemeinsamkeiten aller Getauften und Gefirmten heraus. Die Aussagen über das gemeinsame Priestertum (Lumen gentium 10) beschreiben die Teilhabe aller Gläubigen am dreifachen Amt Christi kraft ihrer Taufe. Durch die Taufe und Firmung sind alle Gläubigen dazu berufen, auf je eigene Weise am Sendungsauftrag der Kirche mitzuwirken, und befähigt, ihre Verantwortung dazu wahrzunehmen. Darüber hinaus herrscht eine „wahre Gleichheit in der allen Gläubigen gemeinsamen Würde und Tätigkeit zum Aufbau des Leibes Christi" (LG 32). In dieser theologisch begründeten Gleichheit müsste also auch das Engagement in der Kirche real von einem Miteinander geprägt sein: Einzelne Getaufte und Gefirmte übernehmen ihre jeweilige Verantwortung in unterschiedlichen Rollen. Doch vor jeder Abgrenzung von Priestern oder Laien, Haupt- oder Ehrenamtlichen steht das Ideal der allen gemeinsamen Berufung und Befähigung zur Sendung der Kirche und zum christlichen Leben der

Gemeinde. Die Perspektive ehrenamtlichen Engagements ist folglich weniger defizitär durch die Abgrenzung gegenüber dem Engagement der Priester oder der Hauptberuflichen zu bestimmen, sondern als eigenständiges Mitwirken an der Sendung der Kirche.

In der Frage, wer welchen Beitrag zur Sendung der Kirche leisten soll, wird an die Charismenlehre des Apostels Paulus (vgl. 1 Kor 12/ Röm 12) erinnert. Paulus beschreibt die Bedeutung der verschiedenen Gaben der Einzelnen, die gemeinsam den lebendigen Leib Christi bilden. Diese individuellen, geistgeschenkten Gaben befähigen die Gläubigen zu spezifischen Aufgaben und Rollen in der Kirche. Die Charismen können als „getaufte Kompetenzen, die sich in den Dienst anderer stellen und dadurch die Kirche aufbauen"[2] verstanden werden. Eine „Charismenorientierung" kann somit sowohl auf die Personen bezogen werden („passendes Engagement") als auch auf die verschiedenen Rollen und Aufgaben in der Kirche („passende Person"). Die Teilhabe am Sendungsauftrag der Kirche sollte daher nicht nur auf die Übernahme innerkirchlicher Rollen verkürzt werden. Jedoch kann für diese der Blick auch auf die unterschiedlichen Charismen aller Mitglieder des Volkes Gottes geweitet werden.

Ausgehend von diesen Prinzipien müsste also auch ein zukunftsweisendes Ritual der Beauftragung bei der Befähigung aller Getauften ansetzen, eigenständig Verantwortung für die Sendung der Kirche zu übernehmen. In den Fokus gerät dann die Frage, wie ein Ritual der Beauftragung die Gläubigen ermutigen kann, ihre Charismen für die Sendung der Kirche und für die Menschen vor Ort einzusetzen. Der eigentliche Auftrag dazu ist bereits in der Taufe und Firmung grundgelegt, woran bei einer Beauftragung anzuknüpfen und zu erinnern wäre. Doch bevor dies vertieft werden kann, soll zunächst einmal die bisherige Situation der Beauftragungspraxis von ehrenamtlich Engagierten betrachtet werden.

---

2 Thomas Söding, Taufe und Charisma. Das paulinische Erfolgsmodell. In: Lebendige Seelsorge 65 (2014) 6, S. 393–398, 395.

Situation der Beauftragungspraxis von Ehrenamtlichen in der Kirche

Bei der Untersuchung, wozu und wie ehrenamtlich engagierte Personen derzeit in der katholischen Kirche beauftragt werden, zeigt sich in den deutschen Diözesen ein interessantes, aber erst auf den zweiten Blick vielfältiges Bild. Seit es seit den 1970er-Jahren den Dienst des Kommunionhelfers gibt, werden zahlreiche Frauen und Männer von den Ortsbischöfen dazu beauftragt, diesen liturgischen Dienst in ihren Gemeinden zu übernehmen. Neben dieser mittlerweile üblichen Beauftragung erhalten seit einigen Jahren auch die Personen, die in verschiedenen Verbänden ehrenamtlich das Amt der geistlichen Begleitung/Leitung übernehmen, nach ihrer Wahl eine Beauftragung zu ihrem Dienst. Als neuere Entwicklung zeigt sich außerdem, dass zunehmend in einigen kirchlichen Einrichtungen Personen beauftragt werden, die dort ehrenamtlich – beispielsweise in der Krankenhausseelsorge[3] – mitwirken. Auch zu anderen Aufgaben, die mehr und mehr von ehrenamtlich Verantwortlichen in den Gemeinden übernommen werden, wie die Leitung von Wort-Gottes-Feiern oder auch – in manchen Diözesen – von Beerdigungen, wird vermehrt auf das Instrument der Beauftragung gesetzt, um die neuen Verantwortlichen in ihre Rolle einzuführen und ihrer Legitimation dazu Ausdruck zu verleihen.

Neben diesen explizit so bezeichneten Beauftragungen sind in vielen Gemeinden aber auch zahlreiche weitere Formen der Einführung, Sendung oder Segnung von ehrenamtlich Engagierten zu ihren Diensten und Rollen etabliert, die, wie z.B. die Aussendung der Sternsinger oder die Einführung der neuen Ministranten, ganz selbstverständlich gefeiert werden. Versucht man diese Formen systematisch zu erheben, fällt auf, dass die Beauftragung oder ähnliche Formen der Einführung und Segnung von ehrenamtlich Engagierten einerseits ein recht verbreitetes Vorgehen darstellen, andererseits werden aber weder die Form noch ihre Benennung einheitlich geregelt, sodass der Versuch

---

3 Vgl. Michael Fischer, Ehrenamtliche in der Krankenhausseelsorge, Freiburg im Breisgau 2014.

einer Übersicht auf einzelne Beispiele angewiesen bleibt. So schlägt das neue Gotteslob ein allgemeines Ritual zur „Beauftragung zu einem Dienst in der Kirche" (GL 606) vor, wobei dies in vielen Gemeinden wohl eher als Ritual der Einführung üblich sein mag und nicht unbedingt als Beauftragung verstanden wird.

Eine bundesweite Befragung, die von der Arbeitsstelle für Frauenseelsorge der Deutschen Bischofskonferenz 2011 durchgeführt wurde, stellt die Unterschiede in den Formen der Beauftragung heraus. Nicht bei allen Beauftragungen handelt es sich, wie man ausgehend von der bekannten Beauftragung zum Kommunionhelferdienst annehmen könnte, um bischöfliche Beauftragungen. Manche werden durch den Bischof oder den örtlichen Pfarrer erteilt, andere erfolgen mit stärkerer Beteiligung der zuständigen pastoralen Hauptberuflichen oder Gremien. Auch können diese Personen in verschiedenen Rollen an der Beauftragung beteiligt sein: Von der Vorbereitung der Ehrenamtlichen auf ihren Dienst, dem Vorstehen oder der Gestaltung der Beauftragungsfeier bis hin zum Überreichen der Urkunde oder der Unterschrift unter dieselbe wirken die verschiedenen Akteure auf unterschiedliche Weise an der Beauftragung mit.[4] Deutlich wird, dass Beauftragungen von ehrenamtlich Engagierten nicht allein als bischöfliche Beauftragungen gedacht werden müssen. Wer die Beauftragung ausspricht, ist vielmehr im Einzelfall nach Art und Ort des Dienstes zu klären.

Beobachtungen: Funktionen und Merkmale

Wenn ehrenamtlich Engagierte zu ihrem Dienst beauftragt werden, erfolgt dies aus mehreren Gründen. Als zentrale Funktion einer Beauftragung erscheint die Delegation einer klar definierten Zuständigkeit oder Aufgabe. Wird die Beauftragung durch eine höhere Autorität erteilt, wie bei den Kommunionhelferinnen und Kommunionhelfern durch den Bischof, wird die neue Rolle der Ehrenamtlichen dadurch – quasi mit einem „Signal der Rückendeckung" – legitimiert.

---

4   Vgl. Arbeitsstelle für Frauenseelsorge der Deutschen Bischofskonferenz (Hg.), Wandel im Ehrenamt. Entwicklungen und Modellprojekte, Bonn 2012.

Beim Dienst des Kommunionhelfers ist zu beobachten, wie ein nach dem Konzil neuartiger Dienst für ehrenamtliche Laien mit der institutionellen Starthilfe der bischöflichen Beauftragung inzwischen als selbstverständlicher Dienst von vielen Gemeindemitgliedern ausgeübt wird. Auch bei anderen Aufgaben wünschen die Verantwortlichen heute eine Beauftragung von neuen Engagierten durch einen kirchlichen Würdenträger, um die kirchliche Anerkennung und Wertschätzung des Engagements auszudrücken. Für die Ehrenamtlichen selbst entscheidet sich daran jedoch mehr eine strukturelle Absicherung ihrer Rolle als die Wertschätzung ihres persönlichen Einsatzes, die vor allem vom Miteinander mit den hauptberuflichen und anderen Akteuren vor Ort abhängig ist.

Die oft feierliche Form der Beauftragung in einem Gottesdienst bietet aber nicht nur den Rahmen für einen formalen Akt. Ebenso wichtig sind die sozialen Aspekte dieser Feier, die auch bei anderen Formen der Einführung gefeiert werden: Die Personen werden in ihren neuen Rollen gegenüber der Gemeinde oder der Zielgruppe ihres Engagements vorgestellt, mit dem Ziel verbunden, ihre Anerkennung zu fördern. Religiös gesehen, dient eine Beauftragung in einem Gottesdienst auch als Übergangsritual zwischen der Auswahl bzw. der Vorbereitung und dem Einsatz. Bei einer Segnung stellen die Personen ihren Dienst unter den Segen Gottes, den sie sich für ihren Einsatz erhoffen. Eine Erinnerung an die Taufe markiert den Ursprung des Sendungsauftrags. Je nach Art des Engagements oder Verständnis der beteiligten Personen werden diese Aspekte unterschiedlich stark gestaltet und wahrgenommen.

Interessant ist, dass das Engagement von Ehrenamtlichen, die zu ihrem Dienst beauftragt werden, verschiedene Merkmale und Rahmenbedingungen aufweist, die im Unterschied zu anderen – nicht beauftragten – ehrenamtlichen Diensten häufig präzise geklärt sind und von Seiten der Verantwortlichen garantiert werden. So erfolgt schon die Auswahl der Personen nach gewissen Kriterien. Vor einer Beauftragung werden die Kandidatinnen und Kandidaten auf ihren späteren Dienst vorbereitet, teilweise eigens dazu fortgebildet. Während sie ihre Aufgabe ausüben, erfahren die Ehrenamtlichen häufig gemeinsam mit anderen Engagierten eine Begleitung durch verantwortliche Ansprechpartner. Ebenso wird die Beauftragung meist auf eine bestimmte Zeit ausgesprochen, sodass der Einsatz befristet ist. Gerade die klar definierte Zuständigkeit und derartige Rahmenbedingungen prägen und stärken das Selbstverständnis der beauftragten Ehrenamtlichen und somit auch ihr Engagement.

Neben diesen im deutschen Kontext bekannten Funktionen und Merkmalen von Beauftragungen lohnt es sich, den Blick auf eine weltkirchliche Erfahrung zu richten, die das Verständnis von Beauftragungen in einen weiteren Kontext setzt.

Französische Erfahrungen: Beauftragung als Rufen

In den letzten Jahren wurde die pastoraltheologische Auseinandersetzung mit der Thematik vor allem von einem Bild geprägt, das aus dem französischen Erzbistum Poitiers stammt: Gemeinsam mit dem Erzbischof halten fünf Personen, Frauen und Männer, in der Kirche ihres Ortes den Bischofsstab. Dieses eindrückliche Bild zeigt eine Momentaufnahme aus den Gottesdiensten, die zur Errichtung der „örtlichen Gemeinden" (communautés locales) gefeiert werden und in denen fünf Personen als Basisequipe für ihren auf drei Jahre begrenzten Leitungsdienst beauftragt werden. Drei wesentliche Momente, welche die theologischen Grundlinien der Konzeption der örtlichen Gemeinden ausmachen, stehen auch in dieser Eucharistiefeier im Vordergrund: das Rufen, die Übertragung der Aufgaben sowie der Segen und die Aussendung.

Zunächst werden die zukünftigen Verantwortlichen in den Chorraum gerufen und der Gemeinde vorgestellt. Der Ruf der fünf Personen und ihr Hervortreten machen deutlich, dass die Kirche als eine ruft, die selbst gerufen ist, und in dem Menschen, an den der Ruf ergeht, etwas in Bewegung bringt. Bei der Übertragung der Aufgaben befragt der Bischof die fünf Personen einzeln nach ihrer Bereitschaft, die Verantwortung zu übernehmen. Nachdem sie ihre Bereitschaft zusichern, spricht der Bischof ein Gebet für sie. Die Schriftlesungen wie auch das Glaubensbekenntnis und eine Erneuerung des Taufbekenntnisses unterstreichen den bleibenden Auftrag Jesu, das Evangelium zu verkünden. Die hohe Bedeutung der Verantwortung, welche die Equipe mit ihrer Beauftragung für das Leben der örtlichen Gemeinde übernimmt, drückt die Aussendung durch den Bischof aus: Das Versammeln um den Bischofsstab markiert das gemeinsame Mittragen der bischöflichen Hirtensorge für die Menschen vor Ort durch die beauftragten Equipen. Diese zentralen Elemente verdeutlichen die theologischen Grundlinien der örtlichen Gemeinden: den Ruf der Gläubigen in ihren Dienst und das Vertrauen, was ihnen für die Übernahme der Verantwortung geschenkt und in der Aussendung verdeutlicht wird.[5]

Beauftragung als Beitrag zur Kirchenentwicklung vor Ort

Dieser Ausblick nach Frankreich markiert eine Besonderheit, die in der Beauftragungspraxis der katholischen Kirche in Deutschland bisher weniger Beachtung fand. Die Beauftragung der Frauen und Männer, die Verantwortung für ihre Gemeinde übernehmen, hat einen spezifischen Ansatzpunkt. Die eigentliche Beauftragungsfeier ist eingebettet in einen Prozess, der ihr vorausgeht und auch über sie hinausweist: Das Fundament bildet der Auftrag der kirchlichen Gemeinschaft, im Sinne des Evangeliums zu den Menschen gesandt zu sein. Ausgehend von diesem Auftrag richtet die Gemeinde den Blick auf die Menschen, die vor Ort leben, und ihre Begabungen: Wer lebt hier mit uns an unserem Ort? Wer hat welche – bisher vielleicht noch nicht beachteten – Fähigkeiten, die für das Zusammenleben der Menschen fruchtbar werden können und so dem Evangelium dienen? Aufgrund dieser Reflexion kommt es dann zur Beauftragung. Einzelnen Personen wird der jeweilige Dienst in und an der Gemeinschaft zugetraut, was dann im Symbol des Rufens in der gottesdienstlichen Feier Ausdruck findet. In dieser Feier versichern die so gerufenen Personen gegenüber der Gemeinschaft der Menschen vor Ort und dem für sie verantwortlichen Bischof, die ihnen anvertraute Verantwortung zu übernehmen. Ebenso spricht der Bischof

---

5 Vgl. Jean-Paul Russeil: Schritte der örtlichen Gemeinden im Glauben, in: Reinhard Feiter/Hadwig Müller. (Hg.), Was wird jetzt aus uns, Herr Bischof? Ermutigende Erfahrungen der Gemeindebildung in Poitiers, Ostfildern 6. Auflage 2014, S. 69–102.

sein Vertrauen gegenüber den Einzelnen und der Gemeinschaft aus, diesen Prozess zu begleiten und mitzutragen. Für ihren Dienst wird die Equipe feierlich ausgesandt und gesegnet. Die Kultur des Rufens und Vertrauens prägt auch ihren sich daran anschließenden Einsatz. Auch während sie der örtlichen Gemeinde vorstehen, bleiben sie auf das Zusammenleben der Menschen vor Ort, für die sie sich einsetzen, verwiesen: Im Miteinander der Equipe wird die Verantwortung gemeinsam übernommen und mit weiteren Menschen, die so ebenfalls zu ihrem Dienst aktiviert werden, geteilt.[6]

Von den weltkirchlichen Erfahrungen inspiriert, setzen auch im deutschsprachigen Raum inzwischen einzelne Diözesen und Gemeinden auf einen vergleichbaren Prozess mit feierlicher Beauftragung, um ehrenamtliche Teams vor Ort als Bezugspersonen für ihre Gemeinden einzusetzen und eine lokale Kirchenentwicklung zu fördern. Wie im Bistum Osnabrück oder der Pfarrei St. Petrus Bonn werden dann sowohl für die Gemeinde als auch für die Einzelnen neue Erfahrungen gemeinsamer Verantwortungsübernahme für die Sendung der Kirche vor Ort ermöglicht.[7]

Klärungsbedarf und Perspektiven

Wenn also Beauftragungen im Kontext eines solchen Prozesses lokaler Kirchenentwicklung, der vom gemeinsamen Priestertum und der Teilhabe aller Getauften und Gefirmten an der Sendung der Kirche ausgeht und die Charismen aller berücksichtigt, gefeiert werden sollen, ergeben sich neue Perspektiven ebenso wie neuer Handlungs- und Klärungsbedarf. Zunächst soll ein derartiger Prozess die gemeinsame Partizipation aller beabsichtigen, was zugleich eine Chance wie eine Herausforderung bedeutet. So sind doch bisher sowohl die Ehrenamt-

---

6 Welche theologische Konzeption den örtlichen Gemeinden zugrunde liegt und welche Erfahrungen damit ermöglicht wurden, veranschaulicht: Reinhard Feiter/Hadwig Müller. (Hg.), Was wird jetzt aus uns, Herr Bischof? Ermutigende Erfahrungen der Gemeindebildung in Poitiers, Ostfildern 6. Auflage 2014.
7 Daniela Engelhard, Neue Modelle der Leitungsverantwortung von Laien. In: Lebendige Seelsorge 65 (2014), S. 195–199. Bzw. die Dokumentation des sog. Petrus-Wegs auf der Website der Bonner Pfarrei: URL: http://www.sankt-petrus-bonn.de/

lichen als auch die hauptamtlich Verantwortlichen meist andere Rollen gewohnt. So wie den ehrenamtlich Engagierten ein Gestaltungsspielraum geöffnet und anvertraut wird, müsste sich die Qualifikation und die Professionalität der Hauptberuflichen dann in der Begleitung und Unterstützung der neuen Engagierten zeigen können, was wiederum die Notwendigkeit einer veränderten Aufgabenteilung von Haupt- und Ehrenamtlichen mit sich bringt. Die Hauptberuflichen stehen deutlicher als gewohnt im Dienst der Partizipation der anderen Getauften und Gefirmten, was doch für alle einen massiven Rollenwechsel und Kulturwandel bedeuten sollte. Um diese neue Rolle lernend einzuüben und eine derartige Beauftragungspraxis in einer partizipativen Kirche etablieren und begleiten zu können, müssen die Hauptberuflichen ihrerseits auf Unterstützung und Anregungen durch die Bistümer zählen können. Nur gemeinsam mit allen verantwortlichen Akteuren und zugleich entschieden wie behutsam werden in einzelnen Gemeinden Erfahrungen gemacht werden können, bei denen die Gemeinden eigenständig alle Getauften und Gefirmten in den Blick nehmen und in den Dienst für ihre Sendung rufen, damit sich so die Kirche vor Ort weiterentwickeln kann.

Aber auch für die bisher gefeierten Beauftragungen und andere Formen des ehrenamtlichen Engagements erscheinen einige beachtenswerte Perspektiven. So zeigen doch die o. g. unterschiedlich akzentuierten Funktionen einer Beauftragung eine hohe Bedeutung der rituellen Form. Sie verweisen zugleich auf ein notwendiges Aufbrechen eines engen Beauftragungsverständnisses als Delegation und Legitimation. So sehr eine ehrenamtliche Rolle auch strukturell legitimiert und abgesichert sein muss, so wenig kann eine offizielle Beauftragung allein die Wertschätzung und Anerkennung der Engagierten in ihrem Dienst garantieren. Vor allem klare und garantierte Rahmenbedingungen des Engagements stärken die Rolle der Ehrenamtlichen. Für viele Engagierte sind es verlässliche Ansprechpartner sowie eine gezielte Vorbereitung und Begleitung, die sie in ihrem Dienst unterstützen. Gerade der Einsatz im Team und eine Befristung des Dienstes ebenso wie die Möglichkeit zur Vernetzung und eine geistliche Begleitung oder Reflexion scheinen daher wichtig zu sein, um die Motivation zum Engagement zu fördern und eine höhere Wertschätzung des Einsatzes zu ermöglichen.

Um den weiteren untersuchten Funktionen der Beauftragungsfeiern Rechnung zu tragen, bieten sich auch andere rituelle Formen an, mit denen Personen feierlich in ihren Dienst eingeführt werden können. So können ein Gottesdienst zur Einführung, eine öffentliche Vorstellung neuer Engagierter in der Gemeinde, ein Segen vor dem Einsatz oder eine Feier des Dankes ein ebenso angemessener Ausdruck einer anerkennenden und wertschätzenden Kultur sein. Eine stärkere Differenzierung von Einführungsritualen und symbolischen Formen der Anerkennungs- bzw. Dankeskultur auf der einen Seite sowie Beauftragungen im Sinne einer Delegation, Legitimation oder Indienstnahme auf der anderen Seite scheinen lohnenswert, um den komplexen Herausforderungen der Anerkennung und Wertschätzung unabhängig vom formalen oder kirchenentwicklerischen Charakter einer Beauftragung differenzierter begegnen zu können.

Die Frage nach der Beauftragung von ehrenamtlich Engagierten in der Kirche weitet den Blick auf einen längeren Prozess, wie Getaufte und Gefirmte zur Partizipation in der Kirche ermutigt werden. Bei der Etablierung neuer Rollen für Getaufte und Gefirmte in einer partizipativen Kirche können Beauftragungen, die den dialogischen Charakter von Berufung und Beauftragung erfahrbar machen, zu einer Stärkung der Partizipation und zur Klärung der Rollen in den Gemeinden sowie des eigenen Engagements als Getaufte und Gefirmte in der Gemeinschaft der Kirche beitragen. Doch alle Formen, wie ehrenamtlich Engagierte in ihren Dienst kommen, sollten den kirchlichen, gemeinschaftlichen und biografischen Kontext, in dem sich Menschen für ein Engagement entscheiden, beachten. Dies kann dann ebenfalls in einer liturgischen Feier erfahrbar werden, wozu sich sowohl Formen der Einführung und Segnung anbieten können wie auch eine feierliche Beauftragung.

Die erfolgte Beobachtung verweist auf den ekklesiogenetischen Charakter von Beauftragungen: Es geht zentral um die Teilhabe der Menschen an der Sendung der Kirche sowie um ihren Beitrag zum gemeinsamen Leben des Evangeliums und zur lokalen Entwicklung von Kirche. Das Ziel ist es, das Wachstum des Evangeliums vor Ort zu fördern, wofür die Personen auf Zeit in den Dienst der Gemeinschaft genommen und gesegnet werden. Somit wird deutlich, dass es bei einer derartigen Beauftragung weder einfach darum geht, eine neue Rolle einzelner Personen zu legitimieren, noch einfach nur eine klar definierte (Leitungs-)Aufgabe zu delegieren. Vielmehr bilden die Feier der Beauftragung und in ihr das Rufen und die Zusage der Bereitschaft, die Übertragung der Aufgaben und die Segnung den Höhepunkt eines längeren und wechselseitig erfahrenen Prozesses. Die Frage, wer die Beauftragung ausspricht, kann in diesem Fall wohl ebenso wenig eindeutig beantwortet werden, da doch der Prozess des Rufens und Antwortens ein dialogischer ist.

Theresa Reinke

Geld bedroht Kern des Ehrenamtes

*Bezahlung schwächt die intrinsische Motivation
der Ehrenamtlichen*

Das Ehrenamt hat in den letzten zehn Jahren stark an Aufmerksamkeit gewonnen. Es gibt im kirchlichen und karitativen Bereich nur noch wenige Angebote, die nicht von Ehrenamtlichen gestaltet, unterstützt oder sogar geleitet werden. In der Kirche und in der verbandlichen Caritasarbeit kam es in den letzten Jahren zu einer Vervielfältigung der Formen ehrenamtlichen Engagements. Insgesamt lässt sich feststellen, dass dieses Engagement individueller, situativer, kurzfristiger und projektbezogener geworden ist.

Die Bereitschaft von Menschen, sich ehrenamtlich karitativ zu engagieren, ist auch im kirchlichen Kontext unverändert hoch. Nach wie vor wollen Menschen etwas Gutes tun. Sie wollen eine Aufgabe übernehmen, die dem eigenen Leben einen Sinn gibt. Auf diese Motive weisen auch wissenschaftliche Untersuchungen hin.

Die Erwartungen der Ehrenamtlichen an ein Ehrenamt haben sich in den letzten Jahren allerdings verändert. Daher gehören heute Vorbereitung, Qualifizierung, Begleitung, Absicherung gegen Haftpflicht- und Unfallrisiken, Auslagenersatz, Anerkennung und Wertschätzung zu einem attraktiven Ehrenamt. Diese Bausteine tragen maßgeblich zu guten Rahmenbedingungen bei.

Nach wie vor gilt für das Ehrenamt, dass das zentrale Unterscheidungskriterium zu anderen Tätigkeiten in der Unentgeltlichkeit liegt. Unentgeltlichkeit im Engagement ist sozusagen das Alleinstellungsmerkmal des Ehrenamts.

Seit einigen Jahren spielt die Frage nach einer stundenbezogenen Vergütung des Ehrenamts eine zunehmende Rolle. Sowohl für Menschen, die sich ehrenamtlich engagieren wollen, als auch für Träger von Angeboten und Projekten im Ehrenamt scheint die Vergütung ein interessantes Instrument zu sein. Dazu gibt es die unterschiedlichen finanziellen Vergütungsformen von Übungsleiterpauschale, Ehrenamtspauschale und Honorar, die der Gesetzgeber zur Förderung ehrenamtlichen Engagements beschlossen hat. Was im ersten Moment wie ein interessantes Förderinstrument oder ein Teil einer attraktiven Ehrenamtsrahmenkonzeption erscheint, bedarf aber einer genauen Betrachtung und kritischen Auseinandersetzung. Eine „Risikofolgenabschätzung" ist unausweichlich.

Wirkungen auf das Profil des Ehrenamts

Neben den klassischen Tätigkeitsformen von hauptberuflicher Tätigkeit, die in der Regel für finanzielle Geldleistung erbracht wird, und dem „reinen" Ehrenamt, das nicht stundenbezogen finanziell vergütet wird, gibt es noch zahlreiche andere Beschäftigungsformen wie Teilzeitbeschäftigung, geringfügige Beschäftigung, befristete Arbeitsverhältnisse, Honorarmitarbeit und verschiedene Arten von Praktika. Für diese unterschiedlichen Beschäftigungsformen gelten je eigene Rahmenbedingungen, die aber eine Abgrenzung vom Ehrenamt in der praktischen Arbeit nur schwer möglich machen. So kommt es zu einer Grauzone, die auch auf die Entwicklungen im freiwilligen Engagement Einfluss hat.

Wie geht die Caritas mit diesen Entwicklungen um?

Caritas ohne Ehrenamt ist keine Caritas. So beschreibt der Deutsche Caritasverband das Verhältnis zwischen der verbandlichen Caritasarbeit und dem ehrenamtlichen Engagement. Ohne ehrenamtliches Engagement wären die Aufgaben der Caritas nicht erfüllbar. Ehrenamtliche engagieren sich auf allen Ebenen verbandlicher Arbeit und sind in allen Feldern der Caritas tätig. Sie sind mit Aufsichts- und Leitungsaufgaben betraut, helfen und unterstützen Menschen, die in Not sind, und engagieren sich in der Seelsorge. Ehrenamtliche sind für die

Erfüllung des Auftrags der Caritas wichtig, weil sie eigene Kompetenzen und Freiheiten mitbringen – unabhängig von tages- oder berufspolitischen Anforderungen.

Obwohl sich Hauptberufliche und Ehrenamtliche partnerschaftlich auf gleicher Augenhöhe begegnen, unterscheiden sich doch die Rahmenbedingungen, unter denen sie arbeiten, erheblich. Während die berufliche Tätigkeit hauptsächlich darauf ausgerichtet ist, die Lebensgrundlagen von Menschen zu sichern und zu erhalten, trägt das Engagement der Ehrenamtlichen nicht zur finanziellen Unterstützung des alltäglichen Lebens bei.

Ehrenamtliches Engagement gründet auf:

• Unentgeltlichkeit,

• freie Zeiteinteilung,

• Freiwilligkeit, Engagement ohne Zwang,

• keine Weisungsgebundenheit und

• Ungebundensein an berufspolitische Anforderungen.

Vereinbarungen zur Aufgabengestaltung erfolgen auf freiwilliger Basis. Das Ehrenamt unterliegt nicht dem Arbeits- und Dienstrecht.[1]

Veränderungen im Freiwilligenengagement spiegeln sich in der Frage der Unentgeltlichkeit wider. Menschen, die sich für ein Ehrenamt interessieren, stellen im Beratungsgespräch oft die Frage nach einer gewissen finanziellen Vergütung. Dies scheint ein interessanter Baustein zu sein in der Überlegung zur persönlichen Übernahme eines Ehrenamts.

Wenn von Vergütung im Ehrenamt die Rede ist, dann ist nicht der Auslagenersatz gemeint, denn hier werden den Engagierten lediglich die tatsächlich angefallen Auslagen ersetzt. Darunter fallen z. B. Fahrtkosten, Materialkosten, Porto- und Telefonauslagen, aber auch die Übernahme von Teilnehmergebühren bei Qualifizierungsmaßnahmen oder Supervisionskosten in bestimmten Engagementfeldern. Bezahlung im Ehrenamt meint dagegen eine stundenbezogene Vergütung, also eine Art „Stundenlohn" für das ehrenamtliche Tun, sei er auch noch so gering. Die Höhe der Vergütung pro Stunde ist also

---

1   Aus: Ehrenamt trifft Geld, Caritasverband der Diözese Rottenburg-Stuttgart e. V.

unwesentlich. Ausschlaggebend ist die Orientierung der Vergütung an der Zeit des eingebrachten Engagements.

Formen der Vergütung hat der Gesetzgeber mit der Übungsleiterpauschale (bis zu 2400 Euro im Jahr) und der Ehrenamtspauschale (720 Euro im Jahr) geschaffen. Diese beiden Formen ermöglichen eine steuer- und sozialversicherungsfreie Vergütung von ehrenamtlichem Engagement in eingeschränkten Aufgabengebieten und unter vorgeschriebenen Voraussetzungen. Zudem ermöglicht der Gesetzgeber die Kombination unterschiedlicher Beschäftigungsformen, wobei darauf geachtet werden muss, dass die Tätigkeit, für die die Übungsleiterpauschale bzw. die Ehrenamtspauschale gewährt wird, nebenberuflich ausgeübt werden muss. Eine hauptberufliche Tätigkeit darf also nicht mit einem Engagement im Rahmen der Übungsleiterpauschale oder Ehrenamtspauschale im selben Tätigkeitsfeld und beim selben Dienstgeber verknüpft werden. Unter Einhaltung der gesetzlichen Vorgaben sind folgende Kombinationen möglich:

- geringfügige Beschäftigung und Übungsleiterpauschale
- geringfügige Beschäftigung und Ehrenamtspauschale
- Übungsleiterpauschale und Ehrenamtspauschale
- Übungsleiterpauschale und Übungsleiterpauschale

Diese Kombinationsmöglichkeiten sorgen in den Medien und in der öffentlichen Diskussion für kritische Stimmen. So wird unter anderem den Verbänden der freien Wohlfahrtspflege vorgeworfen, dass sie diese Kombinationsmöglichkeiten nutzen, um Kosten zu sparen bei gleichzeitiger Aufrechterhaltung ihres pädagogischen, pflegerischen oder sozialen Angebotes.

Dieser Vorwurf kann vereinzelt zutreffen. Von einem systematischen Vorgehen in der Personalentwicklung in der sozialen Arbeit mit den o. g. Kombinationskonstrukten ist aber nicht auszugehen. Vielmehr mangelt es oft an der notwendigen fachlichen Begleitung von Ehrenamtlichen durch hauptberufliche Mitarbeiter. Ehrenamtliche wollen, dass ihr Engagement anerkannt und wertgeschätzt wird. Eine gute Anerkennungskultur von Einrichtungen und Diensten ist ein wesentlicher Beitrag zur Wertschätzung ehrenamtlich engagierter Männer und Frauen. Um diese Anerkennungskultur zu schaffen und zu pflegen, braucht es hauptberufliche Kräfte, braucht es aktive Kümmerer. Leider sind in Einrichtungen und Diensten nur wenige Fördermittel für die Struktur des Ehrenamtsmanagements in den jeweiligen Finanzhaushalten eingestellt.

Eine gute Anerkennungskultur lässt sich in zwei Kategorien einteilen: in nicht-materielle und in materielle Anerkennungsformen. Dabei ist die materielle Form der stundenbezogenen Vergütung nicht als materielle Anerkennungsform auszuweisen. Denn grundsätzlich soll die Anerkennung im Ehrenamt nicht über Geld erfolgen.

Dem Caritasverband der Diözese Rottenburg-Stuttgart ist es ein großes Anliegen, das Engagement seiner ehrenamtlich engagierten Frauen und Männer wertzuschätzen und zu würdigen. In den Richtlinien „Des Menschen Werk würdigen" hat der Diözesancaritasverband die Rahmenbedingungen für Ehrungen, Auszeichnungen und Preise zusammengestellt.

Nicht-materielle Anerkennung

Ehrungen und Auszeichnungen:
- Verdienstmedaillen: Martinusmedaille, Martinusnadel, Ehrenzeichen in Silber und Gold, Ehrenurkunde des Caritasverbandes der Diözese Rottenburg-Stuttgart
- Preise: LEA – Leistung – Anerkennung – Engagement, Mittelstandspreis für soziale Verantwortung in Baden-Württemberg

Anerkennung durch Öffentlichkeitsarbeit:
- Berichte über das Engagement in öffentlichen und verbandlichen Medien (beispielsweise in Sozialcourage)
- Dankeschön-Veranstaltungen
- Empfänge bei Persönlichkeiten des öffentlichen Lebens
- Veranstaltungen zur Woche des bürgerschaftlichen Engagements oder zum Tag des Ehrenamts am 5. Dezember jeden Jahres

Direkte, persönliche Anerkennung:
- ständige Kontakte und Gespräche zwischen den Hauptberuflichen und Ehrenamtlichen
- Einladung zu Festen und Feiern der Organisation
- Angebote zur Beteiligung und Mitsprache, Übergabe von Verantwortung
- Gratulation zu persönlichen Ereignissen
- Dankesschreiben

Nachweise über die Tätigkeit und Qualifikation:
- Ehrenamtsnachweise Baden-Württemberg oder eigene Nachweisformen
- Bescheinigungen über Teilnahme an Qualifizierungsmaßnahmen
- Eintrag von ehrenamtlichem Engagement von Schülerinnen und Schülern ins Zeugnis
- auf Wunsch schriftlicher Nachweis des ehrenamtlichen Engagements

Materielle Anerkennung

Finanzielle Leistungen:
- Erstattung von Fahrtkosten, Telefonkosten, Porto u. Ä.
- kostenfreie Teilnahme an Qualifizierungsmaßnahmen
- Geld-Preise bei Wettbewerben
- Ermäßigungen: freier/ermäßigter Eintritt in städtische und verbandliche Einrichtungen, kostenlose Nutzung von öffentlichen Nahverkehrsmitteln

Sachleistungen:
- Geschenke
- Freikarten für Veranstaltungen
- Sachpreise bei Wettbewerben

Vergünstigungen:
- Sonderurlaub
- Anerkennung der erworbenen Qualifikationen

Verändert sich das Ehrenamt, wenn Geld ins Spiel kommt?

Die Bereitschaft, sich ehrenamtlich in die Gesellschaft einzubringen, erfolgt meist aus dem Wunsch, anderen Menschen zu helfen oder sich persönlich weiterzuentwickeln. Der Wunsch nach einem finanziellen Zuverdienst spielt bei der Nachfrage nach einem ehrenamtlichen Engagement meist keine Rolle. Wird der Weg der Bezahlung jedoch erst einmal eingeschlagen und erhalten ehrenamtlich engagierte Männer und Frauen eine finanzielle Vergütung, dann ist dies kaum noch umkehrbar. Ehrenamtliche werten den Wegfall der Bezahlung zum einen als finanziellen Verlust und zum anderen als Verlust der Anerkennung, was sich gravierend auf die Motivation auswirkt. In der Folge beenden deshalb immer wieder Menschen ihr Engagement. Neben dem persönlichen intrinsischen Motiv („ich will anderen Menschen helfen") wird der von außen gesetzte Anreiz („ich erhalte eine gewisse finanzielle Vergütung") zunehmend wichtig. So entwickelt sich mit der Einführung der Bezahlung ein Gewöhnungseffekt bei engagierten Frauen und Männer.

Ein zweiter, nicht zu vernachlässigender Faktor ist, dass mit der Vergütung das Ehrenamt in die Nähe von beruflichem Handeln rückt. Bei den Einrichtungen und Diensten steigen die Erwartungen an Planbarkeit, Verbindlichkeit und „Weisungsgebundenheit". Dabei kommt es nicht selten zur Einführung von Dienstplänen für Ehrenamtliche, was sich dann erheblich auf die selbstbestimmte Zeit- und Aufgabeneinteilung der Ehrenamtlichen auswirkt. So verwischen sich die Grenzen und Rollen von Hauptberuflichen und Ehrenamtlichen. Im praktischen Tun führt dies zu Spannungen zwischen beiden Partnern, die darin gipfeln, dass sie sich in ihrem sozialen Handeln nicht mehr gegenseitig unterstützen und ergänzen, sondern sich vielmehr blockieren.

Mit der stundenbezogenen Vergütung wird das Ehrenamt sowohl in der öffentlichen Wahrnehmung als auch in den eigenen Einrichtungen und Diensten in Nützlichkeitszusammenhänge gesetzt. Der ökonomische Nutzen ehrenamtlichen Engagements steht dann im Vordergrund und erleichtert es so auch der staatlichen Seite, die öffentlichen Ausgaben zu beschränken, indem Aufgaben in die Verantwortung der Bürgerinnen und Bürger übergeben werden.

Gefährdet die Bezahlung den Eigen-Sinn des Ehrenamts? – Kritische Auseinandersetzung mit den monetären Einflussfaktoren

Soziale Gerechtigkeit ist die Grundlage, auf der sich Solidarität verwirklicht. Sie ist ein hohes Gut für das Zusammenleben in unserer Gesellschaft. Dieses zu erhalten, ist ohne ehrenamtliches Engagement nicht möglich. Deshalb muss das freiwillige Engagement in seiner Vielfalt erhalten und gefördert werden.

Untersuchungen belegen, dass Bezahlung als Anerkennungs- oder Förderinstrument Schaden anrichtet.

Untergräbt die Bezahlung den Wert des Ehrenamtes?

Der Wert des ehrenamtlichen Engagements gründet darin, dass sich Frauen und Männer aus ihrer eigenen, inneren Motivation heraus für eine bessere Gesellschaft engagieren. Sie setzen sich aktiv für Teilhabe, Partizipation und Solidarität in unserer Gesellschaft ein. Die Entscheidung, sich ehrenamtlich zu engagieren, kann nicht erzwungen oder staatlich verordnet werden. Sie beruht auf der freien, persönlichen Wahl.

Diese Werte, die in der Motivation der einzelnen Menschen liegen und die Ausdruck finden in der Freiheit in der Aufgaben- und Zeiteinteilung, der Ungebundenheit an Weisungen und in der Unabhängigkeit vom Arbeits- und Dienstrecht, gilt es zu erhalten. Darauf ist die Förderung ehrenamtlichen Engagements auszurichten. Das Engagement im Ehrenamt hat eine andere Logik als bezahlte Tätigkeiten. Die Freiwilligkeit, das Geben, das Geschenk bestimmt seine Logik. Anerkennung, Erfüllung, Dankbarkeit und persönliche Entwicklung ist der „Lohn" für freiwilliges, ehrenamtliches Tun. Dieses „Win-win", das Geben auf Gegenseitigkeit, macht das Ehrenamt attraktiv.

Schadet die Bezahlung im Ehrenamt der sozialen Anerkennung?

Ehrenamt ist für viele Engagierte der Ort, an dem sie sich – außerhalb von Erwerbstätigkeit und Familie – selbst verwirklichen können. Sie wollen Freude am Engagement haben, selbstbestimmt handeln können und die Gesellschaft mitgestalten. Und sie wollen dies freiwillig und ohne Zwang tun. Diese sogenannte intrinsische Motivation nimmt ab, wenn Bezahlung ins Spiel kommt. Und damit verändert sich auch der gesellschaftliche Stellenwert des Ehrenamts. Die soziale Anerkennung nimmt in dem Maße ab, wie Bezahlung im Ehrenamt erfolgt. Soziale Anerkennung wird ersetzt durch die finanzielle. Finanzielle Vergütung und soziale Anerkennung im Ehrenamt sind nicht gemeinsam zu haben. Sie schließen sich gegenseitig aus.

Verstärkt die Bezahlung im Ehrenamt soziale Ungleichheit?

Untersuchungen zeigen, dass Menschen mit guter Bildung und Einkommen leichter Informationen über Ehrenämter mit lukrativer finanzieller Vergütung und darüber auch den Zugang dazu erhalten. Sie verfügen über die relevanten Kontakte und Netzwerke, die finanziell schwachen Bürgerinnen und Bürgern nicht zugänglich sind. Die Bezahlung in bestimmten Ehrenämtern entzerrt folglich nicht die finanziellen Engpässe materiell schlechter gestellter Menschen, sondern bewirkt das Gegenteil. Die Schere zwischen Arm und Reich öffnet sich weiter. Eine Entwicklung, die der Inklusion und Solidaritätsstiftung entgegenwirkt.

Die aktive Nachfrage nach einer finanziellen Vergütung stellt sich in der Regel dann, wenn der Hauptberuf in einem prekären Arbeitsverhältnis ausgeübt wird. Der geringe Lohn soll damit aufgebessert werden. „Ein Zubrot dazuverdienen", so lautet der Wunsch. Etwas Gutes tun und dabei ein kleines Taschengeld zu erhalten – eigentlich nicht verwerflich, oder?

Doch. Denn mit dem Zuverdienst werden die prekären Arbeitsverhältnisse nicht aufgehoben. Die Vergütung im Ehrenamt sorgt vielmehr dafür, dass sich dieses Prekariat stabilisiert und möglicherweise sogar noch ausweitet. Kurzfristig mag sich die persönliche finanzielle Anspannung lockern, langfristig sind die Wirkungen in der sozialen Sicherung bei Krankheit und im Alter persönlich spürbar.

Obwohl gesetzlich erlaubt, sind die Kombinationsmöglichkeiten verschiedener Tätigkeitsformen abzulehnen. So ist die Kombination aus Übungsleiterpauschale und einem geringfügigen Beschäftigungsverhältnis aus sozialversicherungsrelevanter Perspektive zu verwerfen. Da bei dieser Beschäftigung keine Beiträge für die Sozialversicherung geleistet werden, hat auch dies in der Folge direkte Auswirkungen auf Krankenversicherung und die Sicherung im Alter durch die Rente. Menschen, die finanziell schon schwächer gestellt sind, profitieren also keineswegs langfristig von dieser Form der zusätzlichen Tätigkeit. In der Regel betrifft dies Frauen, da sie neben der Familienarbeit häufig auf diese Kombinationsmöglichkeiten zurückgreifen, um ihr persönliches Budget aufzubessern, mit gravierenden Auswirkungen auf die nachberufliche Phase.

Festzuhalten ist, dass mit der Bezahlung im Ehrenamt der Trend verstärkt werden kann, dass Menschen durch die verschiedenen Kombinationen bezahlten Ehrenamts mehrjährig im Niedriglohnsektor arbeiten. Dies führt im Rentenalter zwangsläufig dazu, dass auf die steuerfinanzierte Grundsicherung zurückgegriffen werden muss. So werden aktuelle soziale Probleme auf Kosten der kommenden Generation verschoben.

Zu guter Letzt

Wenn Ehrenamtliche sich in ihrer Freizeit dafür einsetzen, dass Menschen, die – aus welchen Gründen auch immer – am Rande der Gesellschaft leben, wieder an der Gemeinschaft teilhaben können, dass sich die Gesellschaft im Kleinen verbessert, dann verdient dieses Engagement eine große Wertschätzung.

Im Vordergrund steht nicht die finanzielle, sondern die soziale Anerkennung und Wertschätzung durch Menschen und Institutionen. Ehrenamt bietet das Dach, unter dem jeder Mensch Zugang zu sozialer Anerkennung erhält. Bezahlung dagegen höhlt den Kern des

Ehrenamtes aus, schwächt die Motivation der Freiwilligen und nimmt ihnen die Freiheit und Selbstbestimmung, die für das Ehrenamt wesentlich sind.

Die Rahmenbedingungen im Ehrenamt dürfen nicht dazu beitragen, dass sich die materielle Kluft in der Gesellschaft vergrößert.

Rosa Geiger-Wahl

Ehrenamt im Konzept des Petrus-Wegs?

Ein Weg in die Zukunft

Die Begriffe „Ehrenamt" bzw. „Ehrenamtliche" sucht man im pastoralen Konzept des Bonner Petrus-Wegs vergeblich. Ebenso wenig findet man ihre französische Entsprechung („fonction honorifique" bzw. „bénévole") in dem Konzept des Erzbistums Poitiers, aus welchem der „Petrus-Weg" hervorgegangen ist. In beiden geht es weder um „Ehre" noch um das Begriffspaar „Hauptamtliche : Ehrenamtliche" mit dessen unausgesprochenem Gefälle von „oben" und „unten" oder um die Unterscheidung von „Berufs- und Freizeitchristen". Alle getauften und gefirmten Christen sind gerufen und befähigt, auf ihre je eigene Weise „Akteure des Evangeliums" zu sein. Als solche verwirklichen sie „Kirche in der Welt von heute", nehmen sie teil an der Sendung der Kirche zu den Menschen ihrer Umwelt. In dem Bewusstsein, dass ihnen auf dem Weg zu den Menschen die Geistkraft Gottes immer schon voraus ist, begegnen sie den Menschen nicht nur als Gebende, sondern auch als Empfangende, Lernende und Beschenkte. Um das Profil dieser „Akteure des Evangeliums" geht es in diesem Artikel. Es soll entlang der Darstellung des Konzepts des Petrus-Wegs erschlossen werden.

Wie entstand das Konzept des Petrus-Wegs? Am Anfang stand ein trotziges Unbehagen. Die drei eigenständigen Pfarreien Sankt Johann-Baptist & Petrus, St. Joseph und St. Marien in der inneren Bonner Nordstadt sollten zu einem neuen Pastoralraum mit ca. 9000 Katholiken zusammengeführt werden. Die Rivalität zwischen diesen Gemeinden hatte Tradition. Unterschiedliche Milieus, ungleichzeitig entwickelte pastorale Stile früherer Pfarrer und abweichende Vorstellungen in den Gremien über die Kirche der Zukunft schürten die Angst vor dem Verlust der Eigenständigkeit in einem zentralisierten pastoralen

Großraum. Wie sollte da zusammengehen, wo scheinbar nichts zusammengehörte? Die Rettung kam aus Frankreich, näherhin aus dem Erzbistum Poitiers. Was von dort als Suche nach einem „Neuen Gesicht von Kirche" über den Rhein zu uns kam, weckte bei vielen der Mitverantwortlichen nicht nur Neugier, sondern sogar die Bereitschaft zur Gründung der neuen Pfarrei St. Petrus im Jahr 2010.

Das pastorale Konzept von Poitiers, welches dem Petrus-Weg zugrunde liegt, ist in einem langjährigen Prozess bistumsweiter Konsultationen und Erfahrungen entstanden.[1] Die leitenden Anliegen waren dort:

• Wie und wo wird Kirche heute erkennbar, welches „neue Gesicht" wird sie heute haben, wenn sie sich von der Wirkmächtigkeit des Evangeliums in Dienst nehmen lässt?[2]

• Wo sieht diese Kirche ihren Ort, wie findet und versteht sie ihre Verantwortung in der heutigen Gesellschaft?

• Wer sind die Träger der Pastoral dieser erneuerten Kirche? In welchem Verhältnis stehen sie mit ihren verschiedenen Charismen und Verantwortlichkeiten zueinander?

• Welche Strukturen braucht diese Kirche heute, um ihre Sendung zu verwirklichen?

Verbunden mit einer ehrlichen Bestandsaufnahme überkommener pastoraler Stile und der von ihnen geprägten Strukturen wurde daraus ein Weg der Umkehr und umfassender Erneuerung kirchlichen Lebens im Erzbistum Poitiers.[3]

Diese Erfahrungen hatten das Pastoralteam der Bonner Pfarreien zu dem Versprechen an die Gemeindemitglieder ermutigt, dass nichts von dem, was in den alten Gemeinden bisher lebendig und lebensfähig war, in der neuen Pfarrei verloren gehen werde. Keine bisher ehrenamtlich Engagierten sollten überflüssig werden. Damit begann der Petrus-Weg. Er umfasst weit mehr als eine Strukturanpassung her-

---

1 Zwei Diözesansynoden in den Jahren 1988–1993 und 2001–2003 dynamisierten das ganze Erzbistum Poitiers und gaben den Ergebnissen eine verbindliche Form.
2 Feiter 2009, 22.
3 Verlauf und Ergebnisse dieses Prozesses können hier nur angedeutet werden. Ausführlicher gehen die in der Literaturliste genannten Verfasser darauf ein.

kömmlicher Pastoral an einen neuen Wirkungsraum. Ihm liegt die Überzeugung zugrunde, dass das Evangelium sich auf dem Weg durch die Geschichte immer wieder neue, der Zeit gemäße Formen christlichen Zeugnisses und kirchlicher Präsenz zu schaffen vermag. Er ist ein beständiger Lern-Weg, der alle Beteiligten immer wieder zur Neu-Orientierung herausfordert.

Im folgenden Kapitel werden die theologischen Voraussetzungen und die strukturellen Rahmenbedingungen des Petrus-Wegs dargestellt. Darin wird das Profil der „Akteure des Evangeliums" bereits sichtbar. In den weiteren Kapiteln wird deren Profil entlang den Details des Konzepts des Petrus-Wegs konkreter. Es geht dabei um die Fragen nach ihrer Verortung in den Gemeinden, ihren Kompetenzen und nach dem Verhältnis zwischen diesen „Akteuren des Evangeliums" und den geweihten Amtsträgern, denen das „Ministerium" als „Dienstamt" aufgetragen ist.

Das Konzept des Petrus-Wegs

Kirche geschieht – Gemeinde der Nähe
Was in der Pfarrei St. Petrus aus der Not andrängender Strukturveränderung entstand, hat sich in Poitiers als das zentrale Element der Pastoral entwickelt: die „örtlichen Gemeinden"[4]. In den „Gemeinden" St. Marien, St. Joseph und St. Johann-Baptist, welche alle zusammen die eine „Pfarrei St. Petrus" bilden, möchte Kirche den Menschen an ihren Lebensorten durch die „Akteure des Evangeliums" nahe sein. Getreu dem Motto des II. Vatikanischen Konzils ist es ihre Absicht, mit ihnen ihre „Freude und Hoffnung, ihre Trauer und Angst" zu teilen und das Evangelium bezeugen.

Damit beginnt ein folgenreicher Perspektivwechsel in der Pastoral. Im Fokus steht nicht primär die Sorge der Ortskirche um ihren eigenen Bestand und um den Zuspruch zu ihrem „sakramentalen Angebot". Vorrangig ist vielmehr ein ungeheucheltes Interesse an den Menschen, ihren Gaben und Lasten, ihrem Scheitern und ihrer Sehnsucht,

---

4   Vgl. Hennecke/Lätzel 2011, 306f.

unabhängig von ihrem religiösen bzw. kirchlichen Status. Damit verbunden ist das unaufdringliche Angebot, diese Lebenserfahrungen mit den Augen des Glaubens bzw. des Evangeliums zu betrachten und zusammen mit der Kirche in den Sakramenten zu feiern.[5]

Hier zeichnen sich schon die drei Grundvollzüge von Kirche ab: Diakonischer Dienst, Zeugnis des Glaubens sowie Gebet und Feier des Glaubens. In ihnen wird Kirche in ihrem Wesen sichtbar und im Angebot vernetzter Beziehungen als Gemeinschaft erfahrbar, ohne sich dabei einem wie auch immer gearteten Zwang zur Rekrutierung auszusetzen.

Auf dieser Grundlage kann eine „Gemeinde der Nähe" entstehen. Dabei meint Nähe nicht einfach Nachbarschaft, sondern Begegnung, Beziehungen, Austausch. „Die ‚Gemeinden der Nähe' geben der Kirche die Sichtbarkeit des durchreisenden Samariters. Sie bemühen sich, selber zum Nächsten für andere zu werden, für Fremde und für alle, die von der Brüchigkeit menschlicher Beziehungen verletzt sind."[6] Diese Nähe geht über den engen Kreis derer hinaus, die einander sympathisch sind oder die sich als Gleichgesinnte zusammenfinden. Sie ist durchaus sensibel für unterschiedliche Milieus. Diese Gemeinden „sind eben keine abgeschlossenen Gemeinschaften, sondern leben aus einer konstitutiven Schwäche, die sie in Begegnung und Beziehung treibt ..., um mit allen Menschen guten Willens dem Evangelium Raum zu geben ..."[7]

Gemeinden der Nähe machen ernst mit der Bedeutung der Taufe. Wiederholt beteuert Erzbischof Rouet: „Es gibt keinen unfruchtbaren Christen. Die Taufe bringt in ihm die Früchte einer neuen Schöpfung hervor. So wird er zum Zeichen für die Menschen."[8] Das Lebenszeugnis der Getauften/Gefirmten ist also keine mehr oder weniger sinn-

---

5   Vgl. Hennecke/Lätzel 2011, a. a. O.: „Es geht nicht zuerst um die Frage, wie die sakramentale Struktur der Kirche erhalten werden kann, sondern wie Menschen am Ort Kirche sein können, in deren Dienst die sakramentale Struktur steht."

6   Müller, 2009.

7   http://Christian-Hennecke.blog.de/2014/09/23/fragilite-heureuse-19455820/ (abgerufen am 7.1.2015).

8   „Il n'y a pas de chrétien stérile: en lui le baptême porte les fruits de la création nouvelle. Ainsi il devient signe pour les hommes." – Rouet 2011, 141, und andernorts. Übersetzung des Verf.

volle „Freizeitbeschäftigung", sondern grundiert all ihr Tun und Lassen. Es muss nicht zwangsläufig zu einem ausdrücklichen Engagement in der Gemeinde/Kirche führen, sondern wird sich im beruflichen Kontext ebenso konkretisieren wie in der Teilnahme am gesellschaftlichen Leben und in der Art, die eigenen Beziehungen in der Familie und andernorts zu gestalten. Wo jedoch ein Ruf zur konkreten Mitverantwortung in Gemeinde/Kirche erkannt und wahrgenommen wird, gründet er in Taufe und Firmung, der Basis des „gemeinsamen Priestertums". Dieses befähigt Frauen und Männer dazu, „Akteure des Evangeliums" zu werden.

Die Gemeinde-Equipe

Das gemeinsame Priestertum aller Getauften[9] tritt im Konzept des Petrus-Wegs – auch hier in enger Anlehnung an Poitiers – aus dem Stadium folgenloser Beteuerung heraus und wird konkret in dem Vertrauen in die Charismen, welche es in jedem Getauften zu entdecken gilt. Eine Gemeinde in der Pfarrei St. Petrus konnte bzw. kann dann errichtet werden, wenn fünf getaufte und gefirmte Frauen oder Männer sich rufen lassen, die Verantwortung für den Weg der Kirche zu den Menschen zu übernehmen, die im Bereich der Gemeinde leben. Sie bilden die Gemeinde-Equipe. Ihre vorrangigen Anliegen sind es, dass Menschen der Gemeinde einander kennenlernen, Beziehungen zu stiften, wo notwendig auf solidarische Weise Hilfe zu vermitteln und den Glauben zu bezeugen.[10]

Die Gemeinde-Equipe trägt so dazu bei, dass eine Kirche auf Augenhöhe entsteht, in der das Leben pulsiert. Dies geschieht weniger durch eigene Veranstaltungen als durch wachsame Präsenz und vernetzende Information.

---

9 Vgl. das engagierte Plädoyer von E. Mitterstieler (siehe Literaturverzeichnis).
10 Vgl. Guide 2, S. 37, Abs. 1 „Partir des personnes": „Weit davon entfernt eine Art von Kirche zu sein, in der Aufgaben abgehakt und Programme durchgeführt werden müssen, handelt es sich vor allem darum, mit anderen die Erfahrung des Glaubens zu teilen. Dies setzt voraus, dass man sich kennen lernt, dass man die Freuden und Leiden teilt, dass man auf die Neuankömmlinge zugeht, also durch harmonisches Zusammenleben eine menschliche Wärme schafft. So entsteht ein Netz von menschlichen Beziehungen, wo der Glaube seinen Platz findet."

Alle Mitglieder der Equipe müssen getauft und gefirmt sein. Vier haben eine Verantwortung für je *einen* Bereich auf dem Feld kirchlicher Präsenz[11]. Sie werden einvernehmlich vom Pfarrgemeinderat und dem Pfarrer berufen. Für die Moderation der Equipe *wählt die Gemeinde* eine Person.[12] Diese Verantwortlichkeiten sollen nicht unabhängig voneinander ausgeübt werden, sondern als Gruppe. Es ist wichtig, dass die Equipe sich selbst als eine Gemeinschaft von Glaubenden erfährt, die im Bewusstsein ihrer Sendung miteinander ihre Erfahrungen teilen, sie im Licht des Glaubens deuten, miteinander beten und ihre Aktivitäten vernetzen, wo dies angebracht ist. Dazu sind regelmäßige Treffen der Equipe etwa im Abstand von 4–6 Wochen erforderlich.

Die *Dauer des Engagements* der Einzelnen ist auf drei Jahre begrenzt und kann einmal um weitere drei Jahre verlängert werden.

Die Mitglieder der Equipe sollten *im Bereich der Gemeinde wohnen*. Im Ausnahmefall muss auf andere Weise eine enge Vertrautheit mit dem Lebensumfeld der Gemeinde sichergestellt sein.

Jeder Equipe ist ein bzw. *der Priester der Pfarrei zugeordnet*. Er ist nicht Leiter der Equipe, sondern ihr Begleiter und Inspirator. Als Ausübender des Dienstamtes achtet er darauf, dass die Equipe alle notwendige Unterstützung und Befähigung erhält. Er trägt Sorge dafür, dass alle ihren Charismen und ihrem Ruf gemäß wirken können. Er tritt ein für die Communio mit den weiteren Equipen und Initiativen in der Pfarrei und achtet wenn nötig darauf, dass die Gemeinde-Equipe offen bleibt für die anderen, d. h. für jene, die nicht zum vertrauten Kreis der aktiven Gemeindeangehörigen zählen. Zu den Treffen der Gemeinde-Equipe ist er stets eingeladen. Bei seiner Verhinderung informiert ihn der Moderator[13] über deren Ergebnisse.

---

11 Die Verantwortung für einen Bereich kann auch durch ein Ehepaar bzw. zwei Personen wahrgenommen werden.

12 Sie kann einen Stellvertreter haben. Mitglieder des Pastoralteams können nicht Moderator einer Equipe sein, weil sie den Pol des Dienstamts bilden (Guide 2, S. 39). Für die Moderatorenwahl wurde vom PGR eine Wahlordnung erarbeitet. Die Gemeinde wird eingeladen, für die Wahl und für die Berufung der vier Equipe-Mitglieder Vorschläge zu unterbreiten. Die Kandidatenliste für die Wahl und die Namen der zu Berufenden müssen dann einvernehmlich zwischen Pfarrer und PGR abgestimmt werden.

13 Der besseren Lesbarkeit wegen wird hier und im Folgenden die Textform auf ein Geschlecht beschränkt. Grundsätzlich sind immer Frauen und Männer gemeint.

Im Wissen um die *eine* Sendung ist das Miteinander aller geprägt von gegenseitigem Vertrauen, von Wertschätzung und Dialogbereitschaft. Wenn für alle Bereiche die Verantwortlichen gefunden sind, wird die Gemeinde-Equipe in einer Eucharistiefeier mit einer eigens dafür vorgesehenen Liturgie zu ihrem Dienst an die Gemeinde gesendet. Rufen, Antworten und Senden mit Segen sind deren Schwerpunkte.

Analog zur Praxis in Poitiers ist es auch für die Verantwortlichen des Petrus-Wegs wichtig, dass die Einsetzung und Sendung der Gemeinde-Equipe durch den Bischof oder einen von ihm beauftragten Vertreter in dessen Namen erfolgt.

Die Verantwortungsbereiche der Gemeinde-Equipe
Das Konzept des Petrus-Wegs sieht diese vier Bereiche für die Verantwortung der Christen in den Gemeinden vor:

• Begegnung & Gastfreundschaft,
• Solidarität & Nächstenliebe,
• Glaubenszeugnis & Glaubensvertiefung,
• Gebet & Feier des Glaubens.

Hinzu kommt die Person, welche die Gemeinde-Equipe moderiert und die Verbindung »mit dem Pfarrgemeinderat sowie den übrigen Mitverantwortlichen der Pfarrei pflegt[14].

Es ist sehr wichtig, dass die Beauftragten in ihren Bereichen nicht alles selbst meinen erledigen zu müssen. Das wäre eine Überforderung dieser freiwillig und unentgeltlich Tätigen. Daher ist ihre vordringliche Aufgabe, für ihren Bereich weitere Akteure zu rufen, welche sich zusammen mit anderen einzelnen Aufgaben widmen. Jeder Bereich

---

14 Es können grundsätzlich weitere Bereiche hinzukommen, wenn dies durch das Profil der Gemeinde bzw. die Lebensumstände der dort lebenden Menschen geboten erscheint. Abweichend von Poitiers wurde z. B. in St. Petrus das Feld „Begegnung & Gastfreundschaft", welches in Poitiers dem die Equipe Moderierenden zugewiesen ist, als eigener Verantwortungsbereich errichtet. Dies erwuchs aus der besonderen Bedeutung dieses Feldes in einer städtischen Situation mit verschiedenen, bunten Milieus, aber auch mit einem hohen Maß an Vereinzelung und Einsamkeit. Hingegen entfällt in St. Petrus gegenüber Poitiers der Verantwortliche für die materiellen Belange der Gemeinde, da dieser Bereich infolge der staats-kirchenrechtlichen Regelungen vom Kirchenvorstand der Pfarrei wahrzunehmen ist. Bei Bedarf ist es Sache des Moderators, Anliegen dieser Art dem Kirchenvorstand zu vermitteln.

kann also beliebig viele temporäre oder dauerhafte Projektgruppen etc. enthalten. Manche Anliegen berühren mehrere Bereiche. Hier ist eine vertrauensvolle Kooperation erwünscht. Eine Zusammenarbeit mit außerkirchlichen Initiativen und Institutionen ist je nach Problemlage angeraten. Sie kann ein Zeichen der Wertschätzung und ein Ausdruck gemeinsamen Bemühens um menschenwürdige Lebensbedingungen vor Ort sein. Hier gilt es, manche Berührungsängste früherer Epochen zu überwinden.

Wenn im Folgenden einige *Beispiele und Stichworte* für die Tätigkeiten innerhalb der einzelnen Bereiche aufgeführt werden, sind dabei die oben genannten Grundsätze stets im Auge zu behalten: Vorrangig sind die Begegnungen mit den Menschen und die Nähe zu ihnen. Die Aktivitäten mit ihnen und für sie erwachsen der Achtsamkeit für ihre Lebenssituation und der vom Evangelium inspirierten Phantasie, die stets einen Freiraum für die je eigene Entfaltung bereithält. Die Akteure des Evangeliums bringen ihre Lebens- und Glaubenserfahrung als ihre „Kernkompetenz" in diese Begegnungen ein.

Begegnung & Gastfreundschaft

- Präsenz an Orten informeller Begegnung für Jung und Alt, Kontakte zu Initiativen und bei Festen der Kommunal-Gemeinde, Interesse am kulturellen Leben und an dem Engagement der Kulturschaffenden vor Ort, Brücken zu Moschee-Gemeinden, Glückwünsche zu deren Festen ...
- Sorge um die Willkommenskultur in der Gemeinde, um die Neuzugezogenen und Neugeborenen, um Alleinlebende, Flüchtlinge, Asylanten ...; Besuche bei Jubiläen und runden Geburtstagen (nicht erst im Seniorenalter), niederschwellige Angebote für Kirchenferne, z.B. Treffpunkt Bücherei, Gemeindefeste ..., optische Präsenz durch einladende, aktuell gehaltene Schaukästen und elektronische und Print-Medien, „Wer ist ansprechbar für ...?"

Solidarität & Nächstenliebe

Wer sind die Armen unserer Gemeinde, wie finden wir diskreten Kontakt zu ihnen? Unaufdringliche Besuchsdienste; Kontakte zu Selbsthilfe-Gruppen, ggf. Bereitstellung von Gemeinderäumen für sie;

Begleitung zu Sozial- & Beratungsdiensten; Mitwirken bei der Organisation von Nachbarschaftshilfen; Präsenz bei Katastrophen ...
„Nächstenliebe der tausend Hände, der tausend Schritte! Ein Besuch, ein Einkauf, eine erwiesene Hilfeleistung, eine heiße Suppe, eine Zeit mit anderen ... Ebenso: die Kommunion bringen, eine trauernde Familie unterstützen, gemeinsam beten gehen, Weihnachten und Gründonnerstag feiern ... Die Liebe ist erfinderisch!"[15] Besonders für diesen Bereich gilt es, die eigenen Grenzen und Möglichkeiten realistisch im Blick zu haben. Der innere Zwang, *allen* helfen zu müssen, verdirbt die Freude an der einzelnen Begegnung.

Glaubenszeugnis & Glaubensvertiefung
In diesem Bereich geraten die möglichen Aktivitäten der „Akteure des Evangeliums" in herkömmlichen Pfarreien schnell unter die Räder hauptberuflicher, studierter Kompetenz. Umso wichtiger ist es, dem „Glaubenssinn des Volkes Gottes" zu vertrauen und dessen Sprachfähigkeit für das Zeugnis des Glaubens, der Liebe und der Hoffnung zu fördern. Schließlich ist „die Verkündigung des Glaubens nicht eine Aktivität, die neben der Gemeinde herläuft, sie ist eine Hauptverantwortung der ganzen Gemeinde".[16] Die Aktivitäten auf diesem Feld können je nach örtlichen Voraussetzungen in den Gemeinden sehr verschieden sein. Gerade hier ist eine hohe Sensibilität in den Begegnungen eine wesentliche Tugend für ein unbefangenes Glaubenszeugnis, z. B. bei Lebenswenden oder bei zaghaften Versuchen, den gerissenen Faden früherer Gläubigkeit wieder aufgreifen zu wollen.
Konkret kann das – neben dem persönlichen Glaubenszeugnis – bedeuten:

- Menschen, die nach dem Glauben oder den Sakramenten fragen, freundlich zu empfangen und sie zu den Verantwortlichen der Pfarrei zu begleiten;
- erwachsenen Taufbewerbern oder Wieder-Eintrittswilligen zusätzlich zu überpfarrlichen Kursen den Zugang zur örtlichen Gemeinde erleichtern;

---

15 Guide 2, S. 43.
16 A. a. O. S. 42.

- Mitwirkung bei Kinder-Bibeltagen, örtliche Bibelgespräche mit lebens-geschichtlicher Ausrichtung initiieren, Eltern von Neugetauften, Firmlingen, junge Ehepaare, Kranke oder Hinterbliebene vor und/oder nach den entsprechenden liturgischen Feiern begleiten;
- im Kontakt mit Ordensgemeinschaften oder geistlichen Zentren Zeiten der Besinnung und Glaubensvertiefung organisieren;
- Mitwirkung bei der Tauf- und Ehevorbereitung …

Auch hier ist die Bildung von Untergruppen innerhalb des Bereiches und deren Verbindung zur ganzen Gemeinde angeraten.

Gebet & Feier des Glaubens

„Das Volk Gottes erkennt an, dass es sein Leben von Christus empfängt und vollzieht sich durch Christus. Es geschieht im Geist Christi … Die Liturgie betrifft das Leben des Volkes Gottes, das unter die Menschen gesät ist, deren Geschichte es teilt. Das christliche Gebet ist zuerst gemeinschaftlich."[17]

Die Verengung der letzten Epochen auf die priesterliche Liturgie trug nicht nur zu einer Verarmung liturgischer Ausdrucksformen bei, sondern auch zu einer Entmündigung des Volkes Gottes. Demgegenüber gilt es, behutsam den Reichtum anderer liturgischer Formen[18] gerade auch in kleinen Gruppen zu erschließen, etwa durch:
- Gebete zu verschiedenen Tageszeiten, „Früh- oder Spätschichten"
- Liturgische Feiern für und mit „religiös-unmusikalischen Menschen"
- Friedensgebete, gemeinsames Schweigen bei besonderen Anlässen, Gebetsfeiern zu Lebenswenden, Segnungsgottesdienste
- Fürbittgebete u. a. mit Anliegen der Gemeinde in der Eucharistiefeier
- Wort-Gottes-Feiern ohne Priester an Sonn- und Werktagen
- Wo keine hauptamtlichen Küster vorhanden sind, kann der Beauftragte für Liturgie für das Offenhalten der Kirche sorgen.

---

17 A. a. O. S. 41.
18 Die deutschsprachigen Liturgischen Institute halten zu all dem ein reiches Angebot an Arbeitshilfen bereit.

Auch in diesem Feld bieten sich zahlreiche Möglichkeiten zu ökumenischer Zusammenarbeit.

Der Moderator/die Moderatorin der Gemeinde-Equipe

Das Profil des Moderators übernimmt St. Petrus in leicht angepasster Form von der Erzdiözese Poitiers[19]:

Der Moderator ist „Christus treu": Er muss gefirmt sein und gemäß dem Evangelium leben. Er muss bestrebt sein, sein christliches Leben zu nähren. Seine Treue zu Christus bildet die Mitte seines Tuns.

Er bildet eine Equipe: Weit davon entfernt, alles zu machen, achtet er darauf, die Aufgabe eines jeden zu respektieren und diese zu stärken. Er ist der Diener der Eintracht. Seine erste Aufgabe ist es, eine wirkliche Basisequipe[20] zu schaffen. Er lädt zu den Treffen der Equipe ein. Er leitet die Versammlungen und achtet die Arbeit jedes Einzelnen ... Er achtet in der Equipe auf die Bedürfnisse der örtlichen Gemeinde und darauf, dass sie in Frieden lebt. Er trägt Sorge für Zeiten der Geselligkeit. Er informiert die Gemeinde über die gesamte Arbeit und gibt Rechenschaft darüber. Er achtet auf die Entwicklungen der Bevölkerung und sensibilisiert die Gemeinde für die Situation. So öffnet er die Gemeinde für die Weitung ihres Horizonts.

Er ist (berufenes) Mitglied des Pfarrgemeinderates ... Er stellt die Verbindung zwischen der örtlichen Gemeinde, der Pfarrei und den anderen christlichen Gruppen her: Bewegungen und Verbände, religiöse Gemeinschaften, Schulseelsorge ... oder er achtet darauf, dass die Verbindungen bestehen.

Wenigstens am Ende seines Mandats von drei Jahren zieht er Bilanz mit seiner Basisequipe. Er sorgt sich um das Rufen, für seine Gemeinde und für die Berufungen in der Kirche.

Kultur des Rufens

Wenn es zutrifft, dass wir uns in unserem Glauben als von Gott ins Leben geliebte und gerufene Menschen wissen dürfen, dann ist dieses unser ganzes Leben Antwort auf Gottes Rufen, dann trägt jeder und

---

19 Guide 2, S. 39.
20 So die wörtliche Übersetzung. In St. Petrus haben wir den Begriff „Gemeinde-Equipe" gewählt.

jede in sich die Zusage, unvertretbar durch andere auf einzigartige und einmalige Weise in den Grenzen seiner geschichtlichen Existenz lebenslang in diesem dialogischen Prozess aufgehoben, geborgen und freigesetzt zu sein. Dann enthält diese Zusage zugleich die geistliche Potenz zu einem fruchtbaren und erfüllenden Leben.

Inspiriert durch die Erfahrungen von Poitiers erscheint im Konzept des Petrus-Wegs diese Kernaussage unseres Glaubens als Basis einer „Kultur des Rufens". Sie ist eine wesentliche Grundlage für das Gewinnen von freiwilligen Mitverantwortlichen in der Gemeinde und für das Zusammenwirken von „Akteuren des Evangeliums" mit denen, die mit dem „Dienstamt" betraut sind. Als Konsequenz erwächst daraus eine neue Praxis im Umgang mit den Begabungen/ Charismen der Getauften. „Sie ist eine Abkehr von einer pflichtbezogenen Zuweisung von Tätigkeiten hin zu einer selbst getragenen Teilhabe. Es geht nicht um Zuarbeit, sondern um Partizipation."[21] Erzbischof Rouet sieht darin die „kopernikanische Wende" in der Beziehung zwischen Laien und Priestern: „Nämlich um den Übergang aus dem Zustand, in dem Laien als fleißige und tüchtige Mitarbeiter um den Priester kreisen, um ‚dem Herrn Pfarrer zu helfen', hin zu einem Status wirklicher, verantwortlicher Gemeinden – mit einem Priester zu ihrem Dienst, der von Gemeinde zu Gemeinde geht und sich für jede Zeit nimmt."[22]

Wo diese „Kultur des Rufens" als Haltung bewusst und dauerhaft gelebt wird, entfaltet sie eine ungeahnte Wirkung, sodass Energie, Freude und der Wunsch, dieses mit anderen zu teilen, als „geistliche Früchte" greifbar werden.[23] Auch jene, die den an sie gerichteten Ruf

---

21 Hennecke/ Lätzel 2011, 313.
22 In: Feiter 2009, 27.
23 Ein Beispiel dafür: „Der Ruf, in der Equipe mitzuwirken, traf mich völlig unerwartet. Zugesagt habe ich schließlich, gerade weil ich mir diese Aufgabe nicht selbst gesucht hatte. Ich bin überzeugt, Gott lockt uns in ganz konkreten Situationen. Ich habe auf eine innere Stimme gehört, die sagt: Jetzt ist für mich die Chance gekommen, meine Freude an dem Glauben, aus dem ich lebe, zu teilen und weiterzugeben; jetzt ist der richtige Moment, Verantwortung für unsere Gemeinde zu übernehmen. Ermutigt haben mich die vielen inspirierenden Begegnungen, die sich seit meiner Zusage ergeben haben. Im Vertrauen auf den Heiligen Geist, auf meine Wegbegleiter in der Equipe und auf Sie und Euch alle bin ich freudig gespannt, was wir in den kommenden drei Jahren miteinander erleben und bewegen werden. Anja O." Diese und weitere Reaktionen auf den Ruf der Gemeinde sind nachzulesen: http://www.sankt-petrus-bonn.de/gemeindeleben/das-petrus-modell/die-equipe-von-sankt-marien/ (abgerufen am 10.1.2015).

(noch) nicht annehmen konnten, waren davon oft bis ins Mark ihrer Identität getroffen.[24]

Gefährdet wird das „Rufen", wenn aus dem Bewusstsein eigener Begabungen ein Anspruch an die Gemeinde abgeleitet wird, der im Extremfall zu Machtkämpfen und Konkurrenzgehabe führen kann. Es ist daher unerlässlich, dass mit der Entwicklung der „Kultur des Rufens" zugleich die *Fähigkeit zur geistlichen Unterscheidung* bei den Verantwortungsträgern und in den Gruppierungen der Gemeinde gestärkt wird. Dann kann auch das Bewusstsein wachsen, dass „Kirche berufen kann, weil sie berufen ist. Berufung ist als aktives kirchliches Geschehen zu verstehen, nicht bloß als ein Handeln von Gott her."[25]

Verwurzelt im Vertrauen

„Das Unerhörte des Christentums ist, dass Gott Vertrauen in den Menschen setzt, vor allem in die Kleinen und Schwachen … Folglich wird das Volk Gottes aus einer anderen Wirklichkeit geboren als jene der Masse mit ihren Chefs … Der Christ gibt und empfängt. Sein Wesen besteht im Teilen. Indem die Kirche Vertrauen auf die Getauften setzt, bewegt sie sich nicht nur auf der Ebene der Sakramente, die sie feiert. Darüber hinaus gibt sie der Welt von heute ein starkes Zeichen, denn ihr Vertrauen beruht nicht auf den Kriterien der Kultur und ihren Diplomen, sondern auf den Gaben, die jedem durch den Geist geschenkt sind. Indem sie Vertrauen in ihre Glieder setzt, manifestiert sie auf sichtbare Weise, wonach Viele suchen."[26]

In diesem Sinn ist der Petrus-Weg im Vertrauen verwurzelt. Es ist mehr als die rein menschliche Geste, welche allein von unserer Sympathie abhängig ist und unter dem Einfluss von Enttäuschungen wieder zurückgenommen wird. „Eine Kultur des Vertrauens verlangt die tägliche Übung darin, loszulassen: Wissen loszulassen, den Wunsch

---

24 „Mit ihrer ‚Kultur des Rufens' setzt die Gemeinde ein Zeichen für diese grundlegende Bedeutung der Berufung durch Gott. Heute fühlen sich mehr Menschen denn je überflüssig und suchen Anerkennung. Das ‚Rufen' drückt das Interesse an ihrer besonderen Begabung aus sowie das Angewiesensein darauf, dass die Berufenen ihre Begabungen einbringen. ‚Rufen' ist nicht das Privileg weniger, sondern eine Verantwortung aller, sie wechselseitig füreinander wahrnehmen." Müller 2009.

25 Thomas Ruster, „‚Pastoralkonzept' für den Seelsorgebereich Bornheim-Vorgebirge", unveröffentlichtes Arbeitspapier 2012.

26 Rouet 2011, 18, Übers. vom Verf.

einzugreifen und zu kontrollieren, und die Überzeugung, man könne Glauben, Christsein, Gemeindebildung mit welchen Instrumenten auch immer ‚machen'."[27]

Verantwortung für den Weg der Kirche zu den Menschen

Eingebettet in die Kultur des Rufens und des Vertrauens repräsentieren die „Akteure des Evangeliums" die Kirche am Ort, geben ihr ein Gesicht, machen sie berührbar und als Kirche lernbereit. Um diese hohe Verantwortung tragen zu können – oft neben einem Beruf und der Verantwortung für eine Familie –, sind die *Rahmenbedingungen* wichtig: ein *umgrenzter Raum*, eine *begrenzte Zeit* und die *Einsetzung im Namen des Bischofs*.

Die Eile, mit der zurzeit allenthalben in der deutschen Kirche den Strukturveränderungen Vorrang eingeräumt wird, bringt es mit sich, dass die Grenzen der neuen Gemeinden zunächst identisch sind mit denen der früher selbstständigen Pfarreien. Für die Gründungsphase mag dies hinzunehmen sein. Auf Dauer wird es darauf ankommen, diese so entstandenen Gemeinden vor allem in der Stadt weiter zu teilen. Die Gelegenheit bietet sich je nach dem Stand der pastoralen Vorbereitung, wenn nach drei bzw. sechs Jahren eine Erneuerung der Gemeinde-Equipe ansteht. Die Teilung der großen Räume erleichtert nicht nur die Entscheidung, sich rufen zu lassen. Es befreit die Gemeinde auch von dem oft auf ihr lastenden Bild der alten Pfarrei und den Erwartungen, die an dieses Bild gebunden sind. Zugleich ist es Ausdruck von Lebendigkeit, wenn Zellen sich teilen.

Die *begrenzte Zeit* auf drei bzw. sechs Jahre erleichtert es Freiwilligen, sich für diesen Dienst zur Verfügung zu stellen, und entlastet die Mitglieder der Equipe von unerfüllbaren Erwartungen an sie. Zugleich dynamisiert dies die Gemeinde. Verantwortlichkeiten, die unbegrenzte Zeit von den gleichen Personen ausgeübt werden, finden schwerlich Nachfolger und altern oft mit den „Amtsinhabern". Unter der Bedingung beständiger Erneuerung der Equipe wird zugleich das Vertrauen in die Gaben anderer in der Gemeinde gefördert, die für diesen Dienst infrage kommen. Für Mitwirkende innerhalb der Berei-

---

27 Müller 2009.

che, die nicht zur Equipe zählen, gilt diese Zeitbegrenzung nicht zwingend. Es ist aber sinnvoll, zu Anfang ihres Engagements auch mit ihnen eine zeitliche Begrenzung anzusprechen. Bei deren Erreichen kann dann mit ihnen in aller Freiheit ggf. über eine Fortsetzung oder Neubesetzung gesprochen werden. Wichtig ist, dass alle Akteure selbst zu Rufenden werden. Ausgeschiedenen Mitgliedern der Gemeinde-Equipe ist es unbenommen, andere Aufgaben innerhalb der Gemeinde oder der Pfarrei zu übernehmen.

Mit der Errichtung der Gemeinde und der *Einsetzung der Gemeinde-Equipe durch den Bischof* bzw. in seinem Namen werden nicht nur die gesendeten Akteure in ihrem persönlichen Engagement gewürdigt und als Mitverantwortliche in der Leitung anerkannt[28]. Für die Pfarrei erhält das Konzept so eine Verbindlichkeit, die auch bei personellen Veränderungen im Pastoralteam nicht einfach übergangen werden kann.

Die Anerkennung des Petrus-Wegs durch den Bischof begründet eine „Institution". Diese stellt ein neues strukturelles Gerüst zur Verfügung, das nicht in erster Linie der besseren Verwaltung der Pfarrei bzw. deren „Regierbarkeit" dient. Sondern es *ordnet die Struktur dem pastoralen Ziel unter*, die optimalen Bedingungen für die Verkündigung des Evangeliums zu finden. Daher schließt das Konzept notwendigerweise auch die Sorge um dessen *Funktionsweise* ein, indem es für ein Netzwerk aus Beziehungen zwischen den Menschen sorgt.[29]

Die Beziehung zwischen der Pfarrei und den Gemeinden auf dem Petrus-Weg

Das Konzept des Petrus-Wegs in unsere überkommenen Pfarreien integrieren zu wollen, hieße „neuen Wein in alte Schläuche" zu gießen,

---

28 Prälat H. J. Radermacher, Stellv. Generalvikar im Erzbistum Köln, bei der Einsetzung der Gemeinde-Equipe St. Marien in der Eucharistiefeier am 13. März 2013: „Bewährte Frauen und Männer werden zusammen mit dem Pfarrer und dem Pfarrgemeinderat leitende Verantwortung in der Gemeinde Sankt Marien wahrnehmen …"

29 „Eine Institution funktioniert, wenn sie die Verschiedenheit der Charismen und die von den eingesetzten Personen wahrgenommene Beauftragung anerkennt. Sie funktioniert, wenn objektive und dauerhafte Beziehungen bestehen." Rouet in: Feiter 2009, 110.

weil beide in gegenläufiger Weise funktionieren. Im nachtridentinischen Modell von Pfarrei ist der geweihte Priester der Mittelpunkt, ausgestattet mit hoher sakraler und profaner Bedeutungs- und Machtfülle, die auch mit der verharmlosenden Bezeichnung „priesterlicher Dienst" strukturell nicht eingeschränkt wird. Um ihn herum kreisen Helfer bzw. Mitarbeiter, an die beliebige Aufgaben delegiert werden. Professionelle Organisationsberater sorgen dafür, dass dieses „mittelständische Unternehmen" auf effiziente Weise gemanagt wird. Bisweilen entsteht das absurde Bild von der Pfarrei als Organisations- und Verwaltungszentrum mit dem Manager-Priester und „Chefliturgen" an der Spitze.

Gefragt ist Kirche hier vorwiegend (noch) als religiöser Dienstleister an Lebenswenden und als Betreiber sozialer Einrichtungen. Dieser Typus von Pfarrei hat die Tendenz, das Zentrum zu stärken und die Peripherie zu vernachlässigen. Ein mehr oder weniger buntes Veranstaltungsangebot ist „offen für alle", in Stil und Inhalt aber oft nur auf „Insider" zugeschnitten. „Wer nicht kommt ist selber schuld." An der Peripherie sind theologisch unspezifische „Ortsausschüsse" möglich, die sich um die „Versorgung" der noch kirchlich gebundenen dortigen Katholiken bemühen. In der Rede von den „Fernstehenden", denen die Sorge der für die Pastoral Verantwortlichen zu gelten habe, wird abgespalten, dass sich die Pfarrei selbst heute eher am „Rand der Gesellschaft" befindet.

Eine – im besten Sinn – missionarische Ausstrahlung ist für diesen Typ von Pfarrei eher die Ausnahme. Sie bietet den „Endabnehmern" pastoraler und karitativer Dienste allenfalls ein Gefühl der Beheimatung. Organisatorisch lassen sich diese Pfarreien beliebig erweitern, zumal, wenn der Einsatz von Verwaltungsleitern den drohenden Kollaps der Priester eine Weile hinauszuschieben vermag.[30]

Gemeinden im Sinn des Petrus-Wegs werden es in dieser Art Pfarrei schwer haben. Ihnen haftet u. a. der „Makel" an, keinen Priester an der Spitze zu haben. Für eine Gemeinde-Equipe mit der ihr eigenen

---

30 „Was die Pfarrei betrifft, so bedarf auch sie eines Gestaltwandels. Vom Übergangsort (gemäß dem Sinn des griechischen Ursprungswortes *par-oikia*) ist sie zu einer Pfründe geworden, schließlich zu einem Wohnsitz! Kann sie den dringenden Funktionswandel leisten, den die Gegenwart ihr abverlangt?" Rouet in: Feiter 2009, 24.

Funktionsweise lässt sich hier schwerlich eine Zukunft ausmachen, nicht zuletzt deshalb, weil sie als „Ersatz" für den „fehlenden Priester" die an sie gerichteten Erwartungen zwangsläufig beständig enttäuschen muss. Für das Gelingen des Petrus-Wegs ist daher eine Revision des nach-tridentinischen Pfarrei-Konzepts unumgänglich, verbunden mit der Weiterentwicklung des damit verknüpften Priesterbildes.

Ein neues Verständnis von Pfarrei, das Abraham schon kannte

Bei der neuen Ausrichtung der Pfarreien im Erzbistum Poitiers überraschte der Rückgriff auf die biblische Wurzel des Wortes „paroikia" bzw. „paroikeo". Dort bezeichnet er nicht ein Territorium, sondern eine Person in der spezifischen Situation dessen, die sich „als Fremder im verheißenen Land aufhält", wie es in Hebr 11,9 von Abraham gesagt ist.[31] Später wird es zum allgemeinen Bild für christliche Existenz.[32] „Als Ort eines provisorischen Aufenthalts ist die Pfarrei nicht so sehr das privilegierte Werkzeug der territorialen Verknüpfung als vielmehr die *kirchliche Struktur, die es erlaubt, das Paradox des Glaubens anzunehmen* ... Christen leben sehr wohl inmitten von Frauen und Männern unserer Zeit, obwohl sie wissen, dass ihr Aufenthalt hier provisorisch ist. Indem sie sich ganz in die Welt einordnet, sucht die Kirche ein richtiges Verhältnis zur Territorialität zu gewinnen."[33] Das „Nicht von der Welt sein" kann dann nicht als Legitimierung einer Abschottung von der Gesellschaft missverstanden werden, sondern zeigt sich gerade darin, dass Christen den anderen an der Seite bleiben, sich ihnen zu Nächsten machen.

„Die ... Pfarrei ist damit nicht die Summe von Gemeinden, sondern der Raum der Beziehungen, in denen die Vielfalt des Lebens sich zeigt ... Die Pfarrei ist eben keine statische Vorfindlichkeit, kein stabiler Hafen, sondern der Raum, der immer wieder eine weiterführende Dynamik des Evangeliums hervorbringt."[34] Der notwendige Wandel

---

31 Weitere Stellen mit dem gleichen Stamm: Gen 12,10; 1Petr 1,1; 1,17; 2,11.
32 „Die Christen unterscheiden sich von den übrigen Menschen weder durch das Land noch durch die Sprache noch durch die Kleidung ... Sie wohnen jeder in seinem Heimatland, aber als wohnhafte Fremde ... jedes fremde Land ist ihnen eine Heimat und jede Heimat ist ihnen ein fremdes Land ..." (Brief an Diognet).
33 Rouet 2010.
34 Hennecke 2014; dort auch: „Genau das ist die Provokation des Denkens: die Pfarrei, die

beginnt mit dem klaren Bewusstsein, dass die Kirche der Getauften/ Gefirmten für die anderen da ist und folglich dort zu ihrer Identität findet, wo sie ihre Energie verlagert weg von der Sorge um den eigenen Bestand hin zu den Menschen, mit denen sie den Lebensraum teilt und deren Kultur sie mitgestaltet.

Der Petrus-*Weg* kann in diesem Sinn zum „Emmaus-*Weg*" werden, auf dem den Jüngern in der Begegnung mit dem einzigen Fremdling die Augen geöffnet wurden, der sich ihnen zum Nächsten gemacht hat. In dieser Art Pfarrei ist die Zentripetal- in eine Zentrifugalkraft gewendet. „Christliches Leben richtet sich gleichzeitig auf das höchst Allgemeine *und* auf das ganz Besondere. Pfarreien und örtliche Gemeinden drücken zwei Weisen von Kirche aus, die, aufeinander verwiesen, nicht im Gegensatz zueinander stehen."[35] Auf dieser Grundlage ist es den Gemeinden und ihren Equipen möglich, zu ihrer je eigenen Begrenztheit zu stehen und daher den Austausch mit den anderen Equipen der Pfarrei zu suchen. Einige Anliegen und Dienste werden darüber hinaus auf der Ebene der Pfarrei verortet.[36] In ihrer Gesamtheit ist es dann die Pfarrei, „welche gesendet ist, allen das Wesentliche des Reichtums christlichen Lebens anzubieten".[37] Sie ist in diesem Sinn die Basis der Pastoral.

Der um die Gemeinde kreisende Pfarrer und die Rolle des Pastoralteams
Soll die Transformation der Pfarrei gelingen, ist dafür eine Neuformatierung des priesterlichen Weiheamtes eine wesentliche Voraussetzung. Unterbleibt sie, steht das Konzept der „Akteure des Evangeliums" auf tönernen Füßen. Das II. Vatikanische Konzil hat die Weichen dafür gestellt, indem es das Weiheamt deutlich als „Dienstamt"

im Kirchenrecht so tief gesichert und gnadentheologisch zu deuten ist, zeigt sich als Raum des Provisorischen und einer Zerbrechlichkeit, die aber durch das Evangelium getragen wird. Ist das nicht genau das, was es als Antwort auf ein zerbrechliches Zeitalter braucht? Bergende Räume für Zerbrechlichkeit, in denen Heilung, Einheit und Frieden geschehen können."

35 Aus dem Pastoralbrief des neuen Erzbischofs von Poitiers, Pascal Wintzer, vom 14. September 2012; siehe: Wintzer.

36 Welche das sind, ist in jedem Einzelfall gemeinsam abzusprechen. Zu denken ist an etwa an die Vorbereitung auf den Empfang der Sakramente, Erwachsenen-Katechumenat, Beziehung zu Partnergemeinden im Ausland, Ökumene, Jugendpastoral, Aktivitäten auf dem Feld des Dialogs mit der Kultur und der Lokalpolitik

37 Wintzer

(ministerium) markiert. Bezogen auf das Pastoralkonzept von Poitiers schreibt Erzbischof Rouet: „Eine örtliche Gemeinde verzichtet nicht etwa auf Priester, sie empfindet gerade deren Notwendigkeit."[38] Ohne das Wesentliche des sakramentalen Dienstamtes infrage zu stellen, betont er die *Veränderung im Stil der pastoralen Amtsausübung*, die mit der Gründung der örtlichen Gemeinden einhergeht. Die neue Organisationsweise lässt drei Akzente des priesterlichen Dienstamtes besonders hervortreten:

- „Die Dimension der *Vaterschaft im Glauben* im paulinischen Sinne (1 Kor 4,15)... Der Priester bringt die Gläubigen dazu, dass sie im Glauben wachsen,... sich aus dem Wort Gottes zu nähren; er schaut auf ihr Handeln und liest es im Licht des Glaubens; er ermöglicht, eine aus der Ausübung der Mission hervorgehende geistliche Erfahrung miteinander zu teilen.[39]
- Alsdann dient der Priester *der Gemeinschaft der verschiedenen Gemeinden*, deren Hirt er ist. In dieser Rolle steht er der Feier der Sakramente vor; die letzte Entscheidung über ihre Feier steht ihm zu." Sichtbares Zeichen für diese Gemeinschaft ist die Eucharistiefeier in der Pfarrei.
- „Schließlich ist er das *lebendige Zeichen für den Anderen* und weist so darauf hin, dass all diese Arbeit in Christus, dem Haupt der Kirche, wurzelt ... um so den Leib Christi aufzubauen. Er ist ihr ‚Bindeglied‘, das bewegliche ‚Gelenk‘... Als Zeichen für den Anderen ist er zugleich auch das Zeichen für all die anderen ..."[40]. Er steht dafür ein, dass diese nicht herausfallen aus der Wahrnehmung der Gemeinden.

Diese Aspekte ermöglichen die neuen pastoralen Wege. Sie werden flankiert durch eine *neue Art der Präsenz des Priesters*: „So wie das [überkommene] Pfarrsystem den Priester in die Mitte stellt und die Laien um ihn herum kreisen ..., so bringen die örtlichen Gemeinden

---

38 Feiter 2009, 38 ff; vgl. auch a. a. O. 26f.
39 Der theologische Hintergrund dieser Dimension ist in einer als „zeugende Pastoral" bezeichneten, neuen Konzeption pastoralen Wirkens erarbeitet von einer Gruppe um Philippe Bacq, Christoph Theobald u. a. in Frankreich, Belgien und Kanada. Eine erste deutschsprachige Auswahl grundlegender Texte dieser Gruppe liegt vor in Feiter 2012.
40 In: Feiter 2009, 38.

es mit sich, dass der Priester … von einer Gemeinde zur anderen geht und so um sie kreist. Er begibt sich damit gewissermaßen … auf Wanderschaft … Er ist nicht mehr der Mann des Organisierens, der sich um alle Details selbst kümmert, der alles weiß und alles dirigiert. Er muss zum Kern der Sache kommen, zu dem, was seine ganz eigene Sache ist: Er muss dem Wachstum im Glauben und der missionarischen Dynamik dienen."[41]

Mit diesem neuen Stil seiner Amtsführung ist es durchaus vereinbar, dass der Priester auch weiterhin der Letztverantwortliche für die Pastoral der Pfarrei bleibt. Er braucht dazu nicht die Rolle des „Aufsehers" einzunehmen, da zum einen Klarheit über die unterschiedlichen Kompetenzen des „Dienstamtes" und der „Akteure des Evangeliums" geschaffen ist. Zum andern geht es Rouet um die wichtige Unterscheidung zwischen Macht und Autorität. „Autorität ist heute eng mit dem Authentischen verknüpft, mit einer erfahrbaren Kraft, die wachsen lässt und entwickelt … In der Kirche wird Autorität im Namen Christi und seiner Botschaft ausgeübt. Das Wachstum ist vertrauenswürdig, wenn sich Christus selbst engagiert. Es muss in seinem Namen geschehen, nicht im Namen der Ausstrahlung oder Stellung einer Person oder einer ungebührlichen Sakralisierung … Das Überzeugen, nicht das Gehorchen, ist das Wichtigste. Wir sollen, was wir fordern, vom Glaubensleben her einsichtig machen."[42] Daraus erwächst ein Leitungsstil, der nicht kommandiert, sondern zuzuhören vermag und um Vorschläge zu einem gemeinsamen Vorgehen zum Nutzen aller bemüht ist.

Die Rolle des Pastoralteams

Wie in der Kirche alle pastorale Leitung der Communio dient, fördern alle Team-Mitglieder die Gemeinschaft zwischen den Gemeinden und den übrigen pastoralen Einrichtungen und Initiativen der ganzen Pfarrei. Bei Stellenwechseln in die Pfarrei St. Petrus ist die ausdrückli-

---

41 In a. a. O. 38 f. Kursive Markierungen im Original. Bischof Rouet hat im Prozess der Neuorientierung des Bistums sehr intensiven Kontakt zu allen Priestern des Bistums gepflegt. Ein Niederschlag dessen findet sich in seinem Buch: Des prêtres parlent. Postface de Christoph Theobald, 2007, Bayard, Paris.
42 Rouet 2012, 169; 182.

che Akzeptanz des Petrus-Wegs Voraussetzung für die Mitarbeit im Team. Jedes Team-Mitglied praktiziert innerhalb seiner Arbeitsbereiche die Kultur des Vertrauens und des Rufens im Bewusstsein der gemeinsamen Sendung. Die vertrauensvolle Begleitung der Gemeinde-Equipen ist eine genuine Aufgabe des leitenden Pfarrers. Sie ist nicht delegierbar an andere Team-Mitglieder.

Gemeinde- oder Pastoralreferenten können nicht Mitglieder der Gemeinde-Equipen sein, da sie kraft ihrer Sendung zum Dienstamt gehören. Ihre Mitwirkung ist jedoch gefragt bei der Unterstützung bzw. Qualifizierung der Beauftragten der Equipe, z. B. bei Zusammenkünften der Beauftragten mehrerer Equipen für die gleichen Bereiche oder für gemeinsame Projekte. Im Einzelfall können beim Start der Equipen Anpassungen in den Tätigkeitsfeldern von Mitgliedern des Pastoralteams erforderlich sein, um Überschneidungen zu vermeiden. Generell sind die Mitglieder des Pastoralteams für jene Bereiche zuständig, welche die ganze Pfarrei betreffen. Wenn Unklarheit aufkommt über die Zuordnung einer Initiative zur Gemeinde-Equipe oder zur Pfarrei, entscheidet darüber der PGR im Einvernehmen mit dem Pastoralteam.

Die Moderatoren der Gemeinde-Equipen können vom Pfarrer zu einer Sitzung des Pastoralteams eingeladen werden. Ihr dauerhafter Ort ist jedoch der Pfarrgemeinderat.

Das Zueinander von Pfarrgemeinderat und Gemeinde-Equipen

„Der Pfarrgemeinderat hat die Aufgabe, unter Wahrung der spezifischen Verantwortung des Pfarrers gemeinsam mit ihm und dem Pastoralteam das pastorale Wirken entsprechend den Herausforderungen im Seelsorgebereich so zu entwickeln und zu gestalten, dass die Kirche in den Lebensräumen und Lebenswelten der Menschen wirksam präsent ist."[43] In der Pfarrei St. Petrus war der PGR an der Entwicklung des Konzepts des Petrus-Wegs maßgeblich beteiligt und hat im Einvernehmen mit dem Pastoralteam und dem leitenden Pfarrer dessen Verbindlichkeit für die Pfarrei St. Petrus beschlossen. Er ist bestrebt, das

---

43 Satzung der Pfarrgemeinderäte im Erzbistum Köln vom 13. Juni 2013.

Konzept weiterzuentwickeln, damit für möglichst viele Menschen in der Pfarrei eine „Kirche der Nähe" erlebbar wird. Die „Kultur des Rufens und des Vertrauens" ist Grundlage auch für seine Handlungsweise.

Die Moderatoren der Gemeinde-Equipen haben als berufene Mitglieder Sitz und Stimme im PGR. Sie informieren den PGR über ihre Erfahrungen und beraten im Licht des Evangeliums gemeinsam über deren Auswirkungen auf die Pfarrei. Der PGR seinerseits gibt Anregungen und Impulse an die Gemeinde-Equipen. Dieser Austausch ist vom Geist der Communio getragen. Die Gemeinde-Equipe ist nicht als Ausschuss oder Arbeitsgruppe des PGRs zu betrachten.

Bei der Erneuerung einer Equipe ist der PGR aktiv am Prozess des Rufens beteiligt. Der leitende Pfarrer und der PGR erstellen einvernehmlich aus den gesammelten Vorschlägen die Liste der möglichen Kandidaten bzw. Kandidatinnen. Dies gilt auch für die Vorschlagsliste zur Wahl der Moderatoren. Näheres zu deren Wahl regelt eine vorliegende Wahlordnung.

Wenn genügend Akteure zusammenkommen, um die Neugründung einer Gemeinde innerhalb der Pfarrei möglich zu machen, wird deren Territorium einvernehmlich vom PGR und dem leitenden Pfarrer festgelegt.

Relecture – „Ergebnissicherung" oder „Entdeckung der Wirkmächtigkeit des Evangeliums"?

„Relecture" – ein Fremdwort? Die Wörterbuch-Übersetzung „erneute Lektüre" sagt wenig aus über das, was passiert, wenn eine Gemeinde-Equipe sich Zeit nimmt, noch einmal auf die Erfahrungen der Beauftragten zu schauen. Es soll Bestandteil jedes Treffens sein. Bei besonderen Gelegenheiten (z. B. Halbzeit der Amtsperiode, Start in die Phase neuen Rufens für die Nachfolge-Equipe oder am Ende einer Amtszeit) sind dafür eigene Treffen angesetzt. Im Vordergrund steht weniger die Frage: „Was haben wir (nicht) erreicht?", im Sinne einer Erfolgsbilanz, als vielmehr die Fragen: „Was ist uns widerfahren in unseren Begegnungen? Was bedeutet das aus der Sicht unserer Mission, unseres Glaubens? Wohin führt uns das darin Erkannte?"[44] Wer mit der „Revision de Vie" vertraut ist, kann darin etwas von dem klassischen Dreischritt „Sehen, Urteilen, Handeln" erkennen. Doch wäre das zu ungenau, zu wenig für das, was passieren kann, wenn die Akteure des Evangeliums ihre Erfahrungen des Engagements miteinander teilen und sie im Licht des Evangeliums mit den Augen des Glaubens an die Wirksamkeit der Geistkraft Gottes betrachten. Dann werden bisweilen neue, ungeahnte Erfahrungen gemacht, wird Neues erlebt, das nicht dem eigenen Machen zugewiesen werden kann, wird die Freude am Engagement spürbar und die Gruppe als Geburtsort neuen Lebens wahrgenommen. Diese Erfahrungen reichen bis in den Kern der Identität und bereichern die Akteure des Evangeliums in hohem Maß.

Die Abläufe und Methoden sind vielfältig[45]. Allen gemeinsam ist der Bezug zu biblischen Texten. In ihrem Licht weitet sich der Blick, wird der Anschluss an die Dynamik möglich, die zu allen Epochen das Heils-und Heilungspotenzial des Evangeliums freigesetzt und Kirche hat entstehen lassen. Dabei geht es nicht um eine vollständige Auflistung der Aktivitäten, sondern zuerst um das Erzählen dessen, was Fragen hinterlassen, Überraschung oder Neugierde geweckt hat, was – freudig oder schmerzhaft – das Herz bewegte, als Grenze erfahren wurde, Hilflosigkeit hinterlassen oder Dank und Freude hervorgerufen hat.

Dabei ist – in einer ersten Phase – das achtsame Zuhören wichtig, auch auf das Unausgesprochene, das Nicht-Erklärte oder Erklärbare. Nahe an der Wirklichkeit bleibt das Bewusstsein, dass jeder seinen eigenen Blickwinkel einnimmt, zu dem die übrigen Gruppenmitglieder ihre je eigene Sicht beitragen. In einer zweiten Phase wird nach

---

44 Vgl. „Überraschungen bezeugen – Relecture einer Praxis in der Krankenhausseelsorge" von Jean-André Noual, besonders Kap. 4: „Die konkrete Umsetzung der relecture in der Pastoral", in: Feiter 2012, 170–189.

45 Vielfältige Anregungen dafür bietet das Erzbistum Poitiers in Guide 1, 156–161 und Guide 2, 146–154. In Deutschland wird diese Art geistlicher Rückschau u. a. in den durch die ignatianische Spiritualität geprägten Gruppen der „Gemeinschaft christlichen Lebens" (GCL) praktiziert. Regelmäßige Kurse stehen auch Nicht-Mitgliedern offen. Deren Werkmappe „Das Salz in der Gruppe", ²2010 ist beim Herausgeber erhältlich: www.gcl.de.

Entsprechungen in biblischen Texten gesucht, vorgegebene oder spontan im Verlauf des Erzählens oder des Austauschs im Gedächtnis aufgestiegene. Die Fragen einer dritten Phase: „Wie war Christus hier anwesend? Auf welche Weise hat er gewirkt – ohne unsere Absicht und unser vorausschauendes Kalkül?", klingen im Kontext einer Gruppe, die ein verantwortetes Zeugnis ihrer Hoffnung und ihres Glaubens zu geben bestrebt ist, nicht so abwegig, wie es einem von außen kommenden Betrachter erscheinen könnte, dem diese Lesart der eigenen Lebensgeschichte nicht vertraut ist. Diese Rückschau auf die geistliche Dimension des eigenen Engagements hält die Bereitschaft zu Umkehr und Neuorientierung lebendig. Sie wirkt sich zweifellos als Verstärkung für die Motivation der Akteure des Evangeliums aus und erweitert ihre Kompetenz der Sprachfähigkeit für das christliche Zeugnis.

An dieser Stelle zeigt sich vielleicht am deutlichsten der Unterschied in der pastoralen Praxis zwischen der deutschen und der französischen Kirche. Wir täten in Deutschland gut daran, uns diesen kostbaren Schatz der französischen Kirche in einem geduldigen und nachhaltigen Lernprozess anzueignen. Für die Akteure des Evangeliums ist in den Gemeinde-Equipen dazu reichlich Gelegenheit gegeben.

Die „Akteure des Evangeliums" – Versuch einer Bilanz

Zugegeben – der Begriff „Akteure des Evangeliums" ist sperrig. Ob er sich im alltäglichen Gebrauch durchsetzt, wird sich zeigen. Wichtiger ist, was er bezeichnet und wie sich das auswirkt auf die Getauften und auf das Miteinander unserer Kirche im Alltag der Pfarreien und Gemeinden. Eingebettet in einer Kultur des Vertrauens und des Rufens verweist der Begriff auf die Einzigartigkeit und Einmaligkeit eines jeden Menschen und darauf, dass jede und jeder zur je eigenen, unvertretbaren Lebensgestalt finden kann, wenn diese sich in der spannenden Beziehung von Gerufen-Sein und Antworten entfaltet.

Im Evangelium, wie es in Jesus Christus Gestalt gewonnen hat, zeigt der Rufende sein Antlitz, sein Wesen als „unerhörtes Gutsein" und sein Vertrauen, das er in jeden Menschen setzt. „Indem bei ihm übereinstimmt, wie er lebt und was er verkündet, ist er [Jesus] Präsenz des Evangeliums; indem er hinter dem, was er im anderen weckt [den Glauben an das Gutsein des Lebens] verschwindet, ist er der Übersetzer des Evangeliums, indem er der Gastfreundschaft einen Raum öffnet, indem seine erste Sorge dem Letzten, dem verlorenen Schaf gilt, ist er Hirte ... Aufgrund seiner uneingeschränkten Glaubwürdigkeit und weil er den Ursprung des Evangeliums nie sich selbst zurechnet, sondern die Seinen auf Gott und auf den in jedem Menschen zu findenden ‚Glauben' an das Leben verweist ... erkennen die Jünger Christi, dass ihr Meister und die Frohbotschaft eine Einheit bilden"[46].

In der Taufe, „ein Bild aus jener Zeichensprache, in der sich das Heilige und Erlösende artikulieren"[47], wird uns dieses maßlose und universal gültige Geschehen ganz persönlich als Gabe Gottes zugeeignet. Darin werden wir zu Akteuren dieses Evangeliums, weil Gott in sich Beziehung ist und weil die Teilhabe an ihm uns zu den Menschen drängt, so wie es ihn zu uns drängt. Unsere Freiheit als Getaufte und Gefirmte ist gleichsam „infiziert" und befähigt, sich von dieser Beziehungs-Dynamik in Dienst nehmen zu lassen.

Der Dienst der Akteure des Evangeliums beschränkt sich folglich nicht auf die eine oder andere Aktion, eine zeitlich umgrenzte Hilfeleistung, die ihnen innerhalb der Kirche zur „Ehre" gereichen soll. Er entspringt gleichsam der „Grundierung" der ganzen Existenz durch die Taufe. Die Kraft dazu nehmen wir nicht aus uns selbst. Sie ist uns zugeeignet aus der abgründigen Fülle Gottes. Daher kann Bischof Rouet mit voller Überzeugung sagen, dass kein Christ unfruchtbar ist.

Wirkungsfeld des Akteurs des Evangeliums ist zunächst sein alltägliches Lebensumfeld, seine Art, Menschen zu begegnen im privaten

---

46   Ch. Theobald, Evangelium und Kirche, in: Feiter 2012, 118. Der ‚Glaube', von dem hier die Rede ist, darf nicht mit dem christlichen Glauben verwechselt werden. Gleichwohl ist er die conditio sine qua non dafür, dass Menschen angesichts der offenkundigen Ambivalenz des Lebens, seiner Bedrohung durch das Absurde und Zerstörerische dennoch Ja zum Gutsein des Lebens sagen können. Immer dort, wo Jesus Menschen heilt mit dem Hinweis „Geh, dein Glaube hat dir geholfen!" heilt er diese in jedem Menschen angelegte Potenz dieses ‚Glaubens'. Die so Geheilten müssen nicht zwangsläufig Jünger Jesu werden, sprich zu einem christlichen Glauben finden. Einfügungen vom Verf..

47   Jörg Zink beschreibt in seinen Erinnerungen die existenzielle Dimension der Taufe in einer poetischen und geistlichen Dichte, wie ich sie bisher nirgendwo anders gelesen habe. Siehe Zink, 385 ff..

Raum ebenso wie in der Arbeitswelt, in der Kultur, in Wirtschaft, Politik. Überall, wo er durch sein Dasein und mit noch so bescheidenen Diensten dazu beiträgt, dass seine Mitmenschen in der Ambivalenz dieser Welt (wieder) Ja zum Leben und seiner Güte sagen können und so zu jenem ‚Glauben' finden, ohne den kein Leben gelingen kann – unabhängig von einem explizit religiösen Bekenntnis – bezeugt er damit die Dynamik des Evangeliums. Wo aber sein Zeugnis durch Ruf und Sendung im Raum der Kirche gelebt wird, nimmt der Akteur des Evangeliums teil am Aufbau der Kirche, d. h. am Dienst der Leitung der Gemeinden.

Die Sorge, die Akteure des Evangeliums zu „klerikalisieren", ist deshalb unbegründet, weil ihre Quelle die Taufe/Firmung ist. Im Übrigen schenkt die Taufe auch Anteil am Priesteramt Jesu Christi. Die neue Wertschätzung des „gemeinsamen Priestertums" aller Getauften führt nur dann zu einer „Klerikalisierung", wenn die dem alten Priesterbild anhaftende Allzuständigkeit sowie die damit verbundene Machtfülle auf die Akteure des Evangeliums übertragen würde. Das schließt nicht aus, dass sie auf Zeit und in deutlich umrissenen Bereichen (zum Beispiel als Pastoral- oder Gemeindereferenten oder als Beauftragte für ein Projekt) auch im Namen des Dienstamtes handeln können[48].

Ein Einwand soll hier noch zur Sprache kommen: Wie steht es mit jenen Christen, denen die Bezeichnung als „Akteure des Evangeliums" zu anspruchsvoll erscheint, als „eine Nummer zu groß" für sie vorkommt, die aber dennoch gerne einen Dienst innerhalb der Gemeinde übernehmen wollen? Oder liegt sogar in der Bezeichnung als Akteure des Evangeliums eine Vereinnahmung von Seiten der Kirche vor? – Zum einen kann man nicht groß genug von der Würde der Söhne und Töchter Gottes sprechen. Sie ist unabhängig von unserer Intelligenz, unserem Leistungsvermögen und unseren Glaubenszweifeln. Gerade die Kleinen sind es ja, die von Jesus wertgeschätzt und seliggepriesen werden. Sie beschenkt Gott mit seinem Vertrauen. Sicherlich ist es eine Herausforderung an den sich entwickelnden Glauben, diese Würde in

---

48 Die französische Kirche verwendet für sie den Begriff „ministères reconnus", d. h. „anerkannte Dienstämter" im Unterschied zu den „geweihten Dienstämtern".

Demut anzunehmen. Es gehört zu den wichtigen Aufgaben im Rahmen der geistlichen Unterscheidung, für das eigene Engagement den ganz persönlichen, der Lebenssituation angemessenen Ausdruck zu finden. Dessen müssen sich die Verantwortlichen in der Kirche bzw. Gemeinde im Prozess des Rufens stets bewusst zu sein.

Unstrittig ist auch, dass die Berufung zum Akteur des Evangeliums keine wie auch immer geartete Fachkompetenz ersetzt. Seine „Kernkompetenz" ist die des Glaubens, der Liebe und der Hoffnung, erwachsen aus seiner Christus-Verbundenheit, gereift und profiliert im Umgang mit den Herausforderungen des je eigenen Lebens. Damit formen und bereichern die Akteure den „Glaubenssinn der Kirche".

Es war Aufgabe dieses Artikels, nach dem „Ehrenamt im Konzept des Petrus-Wegs" zu fragen. Der Verlauf der Überlegungen hat gezeigt, dass der Begriff „Ehrenamt" wenig geeignet ist, als Oberbegriff für das Spezifische des gemeinsamen Priestertums aller Getauften, wie er sich im Konzept des Petrus-Wegs darstellt, verwendet zu werden. Deshalb wurde hier durchgängig auf den Begriff des Ehrenamtes verzichtet zu Gunsten des Lehnworts „Akteure des Evangeliums" aus der Praxis der Erzdiözese Poitiers. Wenn „Ehrenamt" in anderen kirchlichen Kontexten weiterhin gebraucht wird, verweist dies auf den Unterschied der jeweiligen pastoralen Konzepte. In der Tat ist die Verwirklichung des hier aufgewiesenen Profils der Akteure des Evangeliums sehr abhängig von der Art und Weise, wie Kirche „funktioniert". Die oben beschriebene „kopernikanische Wende" im Miteinander und die „Neuformatierung der Pfarrei" und deren Bezug zu den Menschen ihres Umfelds und deren Kultur harrt der Umsetzung in den Herzen der Betroffenen. Dieser „Umkehrprozess" der Einzelnen bedarf darüber hinaus der institutionellen, strukturellen Absicherung, setzt die Bereitschaft voraus, dauerhaft lernende Kirche zu sein.

Peter Adolf

Literaturverzeichnis

Verfasser/ Hg.	Titel, Ort, Jahr, Quelle	Abkürzung
Diözese Poitiers	Guide de travail, à l'intention des secteurs pastoraux et des communautés locales. Poitiers Noel 2004. Es handelt sich um eine Sammlung offizieller, von Erzbischof Rouet bereits früher promulgierter Texte, die erstmals zu verschiedenen Zeiten im Bistumsorgan „Èglise en Poitou" veröffentlicht wurden. Quelle: http://www.diocese-poitiers.com.fr/index.php?option=com_content&view=article&id=178&Itemid=493 (aufgerufen am 15.11.2014).	Guide 1
Erzdiözese Poitiers	Routes d'Évangile. Actes synodaux du diocèse de Poitiers 1988–1993.	Routes
Erzdiözese Poitiers	Serviteurs d'Évangile. Actes synodaux de l'archediocèse de Poitiers 2001/2003.	Serviteurs
Erzdiözese Poitiers	Guide de travail 2, à l'usage des secteurs pastoraux, paroisses et des communautés locales. Poitiers 2010. – Quelle: http://www.diocese-poitiers.com.fr/index.php?option=com_content&view=article&id=1398&Itemid=1184; (aufgerufen am 15.11.2014). Sofern nicht anders vermerkt, wurden die hieraus zitierten Texte freundlicherweise übersetzt von Susanne Schumacher, Bonn.	Guide 2
Faber, Eva-Maria	Kultur des Rufens. Internet-Zeitschrift 2011, Chur/ Schweiz: http://www.thchur.ch/index.php?PHPSESSID=lc6ntsleki606e09ofqe3fc622&na=12,0,0,0,d,127373,0,0,t; (aufgerufen am 15.11.2014).	Faber
Feiter, Reinhard/ Müller, Hadwig (Hg.)	Was wird jetzt aus uns, Herr Bischof? Ermutigende Erfahrungen der Gemeindebildung in Poitiers, Ostfildern 2009	Feiter 2009
Feiter, Reinhard/ Müller, Hadwig (Hg.)	Frei geben. Pastoraltheologische Impulse aus Frankreich, Ostfildern 2012	Feiter 2012
Hennecke, Christian/Lätzel, Martin	Kein Mangel, nirgends. Lernender Dialog mit der Diözese Poitiers. In: Geist und Leben, 2011, 306–315	Hennecke/ Lätzel 2011
Hennecke, Christian	fragilité heureuse, Bog-Eintrag vom 23.09.2014: http://Christian-Hennecke.blog.de/2014/09/23/fragilite-heureuse-19455820/; (aufgerufen am 10.01.2015).	Hennecke 2014
Mitterstieler, Elmar	Das wunderbare Licht, in dem wir leben. Gleichheit, Würde und Priestertum *aller* in der Kirche. Würzburg ²2012.	Mitterstieler
Müller, Hadwig	Kirche mit neuem Gesicht: Gemeindeerfahrungen in Poitiers – Inspiration für uns. Unveröffentlichtes Thesenblatt, Bonn 29.09.2009	Müller 2009

Rouet, Albert	Auf dem Weg zu einer erneuerten Kirche. In: Feiter 2009,17–42	Rouet 2009
Rouet, Albert	Lettre pastorale « Où demeures-tu ». Vers des paroisses en mouvement. Veröffentlicht in: Eglise en Poitou Nr. 145 (2010). Auch: http://www.diocese-poitiers.com.fr/index. php?option=com_content&view=article&id=1397:s ecteurs-pastoraux-et-paroisses&catid=38:publications-et-documents&Itemid=1185#lettre%20pastorale	Rouet 2010
Rouet, Albert u. a.	Vers une Église de la confiance, Les communautés locales au cœur des interrogations humaines. Bayard, 2011.	Rouet 2011
Rouet, Albert	Aufbruch zum Miteinander, Wie Kirche wieder dialogfähig wird. Freiburg 2012	Rouet 2012
Rouet, Albert	Létonnement de croire, Les Éditions de l'Atelier/ Èditions Ouvrières, Paris 2013	Rouet 2013
Wintzer, Pascal, Erzbischof von Poitiers	Des paroisses pour rassembler l'Èglise et l'envoyer annoncer l'Évangile. Lettre pastorale, Poitiers, 14 septembre 2012. In: Église en Poitou, N° 191, 26.09.2012.	Wintzer
Zink, Jörg	Sieh nach den Sternen – gib acht auf die Gassen. Erinnerungen. Stuttgart 1992	Zink 1992

137

Der bunten Gnade Gottes auf der Spur

Schritte zum charismenorientierten Ehrenamt

Zwei Beispiele aus der Praxis

Ursprünglich wollte sie nur zeitweise aushelfen – nachdem die Kirchendienerin (= Mesnerin) in Ruhestand gegangen war und dieser Dienst von einem Kreis unterschiedlicher Menschen wahrgenommen wurde. Doch dann bemerkt sie, dass ihr dieser Dienst viel Freude und Erfüllung bereitet und dass sie sehr positive Rückmeldungen bekommt. So wächst in ihr allmählich der Wunsch, dieses Amt ganz zu übernehmen. Sehr zuverlässig, mit dem Auge fürs Detail, der Liebe zu Gott, dem Kirchenraum und den Menschen übt sie ihr Amt nun aus. Und die Menschen, die Gottesdienst feiern, spüren: Hier ist jemand mit einem Charisma und einer Leidenschaft am Werk, die die Kirche neu erstrahlen lassen.

Nachdem sie das Seminar zur Entdeckung ihrer Charismen gemacht hat, entwickelt sich bei ihr immer mehr der Gedanke: einen Kreis für Trauernde – das würde ich gerne starten. Auch die Einschätzungen anderer, die sie im Rahmen des Seminars eingeholt hat, bestätigen ihr dies. Da sie selbst gerade in einer Trauersituation ist und noch etwas Zeit für sich benötigt, verabreden wir uns auf ein paar Monate später. Ich, Pfarrerin am Ort, frage inzwischen bei Trauernden nach, ob sie grundsätzlich Interesse an einem solchen Kreis hätten – kann solch ein Kreis auf dem Dorf ins Leben kommen, wo jeder jeden kennt? – und sie nimmt sich die Zeit, die sie braucht. Als wir uns wieder treffen, wird für uns beide schnell klar: Der Kreis kann starten. Bedarf wurde mir im Zusammenhang mit Beerdigungen vielfach signalisiert und sie ist innerlich bereit dazu. Wir besprechen Inhaltliches,

Organisatorisches, die Frage ihrer Begleitung und der Kreis wird ins Leben gerufen – inzwischen geht der Kreis ins zehnte Jahr, in sich immer wieder ändernder Zusammensetzung, aber mit gleicher Leitung.

Charismenorientiertes Ehrenamt: Menschen entdecken, welche Charismen Gott ihnen geschenkt hat und wie er durch sie hindurch am Bau seiner Kirche und seines Reiches wirken möchte. Und Menschen entdecken dabei auch, wie sie persönlich ihre Taufwürde und ihre Gliedschaft am Leib Christi leben können.

Charismen entdecken

Zunächst drei Vorbemerkungen:

Charismen entdecken ist ein geistlicher Prozess: Es geht dabei um die Frage: Wie möchte Gott durch mich wirken, zu seinem Lob, zum Bau seiner Kirche und seines Reiches? Welche Charismen vertraut er mir an? Was ist mein ureigenster Beitrag als Glied am Leib Christi? Es handelt sich somit um einen Prozess, der sich vor Gott und im Kontakt mit ihm vollzieht – und es ist gut, wenn dies im Prozess der Charismenentdeckung konkret werden darf, z. B. durch kleine liturgische Elemente und Zeiten der Stille, des Innehaltens und Nachspürens, wie Gott uns gerade berührt.

Charismen entdecken ist ein sozialer Prozess: Keiner kann Charismen für sich alleine entdecken. Das ist schon deshalb nicht möglich, da Charismen immer eine Beziehungskomponente in sich tragen: Sie sind ausgerichtet auf die Gemeinschaft des Leibes Christi. Daher ist bereits die Entdeckung von Charismen auf Gemeinschaft angewiesen.

Charismen entdecken ist ein lebenslanger Prozess: Es geschieht nicht einmal im Leben und nicht ein für alle Mal, sondern ist auf Wiederholung angewiesen. Seine eigenen Charismen zu entdecken ist *ein* Element in der Lebensbeziehung mit Gott: Durch bestimmte Erfahrungen wirkt Gott an uns und wir verändern uns, je nach Lebenssituation und Herausforderung kann Gott uns ein anderes Charisma schenken. Daher ist es sinnvoll, auf dem eigenen Weg des Lebens immer wieder bewusst nach den eigenen Charismen zu fragen.

Wie können sich Gemeinden auf den Weg machen, um Charismen zu entdecken? Welche Räume können sie dazu anbieten? Als hilfreiches Instrumentarium, v. a. im evangelischen Bereich, aber zunehmend auch im katholischen Kontext, erweisen sich in Gemeinden Seminare, in denen es Menschen ermöglicht wird, ihre Charismen zu entdecken. Gängige Materialien sind:

- das D.I.E.N.S.T.-Material der amerikanischen Willow Creek Community Church;[1]
- das Material „Die drei Farben deiner Gaben" von Christian A. Schwarz;[2]
- das Material „Ich bin dabei. Gaben entdecken – Akzente setzen – Welt gestalten" der Badischen Landeskirche.[3]

Gemeinsam ist diesen Materialien, dass sie als zentrales Element – neben biblischen Hintergründen zum Charismen-Verständnis – einen Charismen-Fragebogen enthalten. Dieser spielt den Teilnehmenden Erfahrungen zu (z. B.: „Ich organisiere gerne kleine und größere Dinge."), bei denen sich die Teilnehmenden dann durch Ankreuzen einschätzen („trifft voll und ganz/häufig/hin und wieder/nicht zu"). Dieser Fragebogen bildet die eigene Einschätzung ab. Zusätzlich enthalten die Materialien einen ähnlich gestalteten Fragebogen; dieser ist von den Seminarteilnehmer/innen an Dritte aus dem je eigenen Lebensumfeld zu geben, um deren Wahrnehmung von außen einzuholen; zu denken ist hier an Familienmitglieder sowie an Personen aus dem Freundes- oder Bekanntenkreis. Diese Wahrnehmung von anderen auf die eigene Person ergänzt die eigene Wahrnehmung und nimmt ernst, dass die Entdeckung von Charismen ein soziales Gesche-

---

1 Bill Hybels/Bruce Bugbee/Don Cousins, D.I.E.N.S.T. Entdecke dein Potenzial. Teilnehmerbuch, Asslar ⁹2011.
2 Christian A. Schwarz, Die drei Farben deiner Gaben. Wie jeder Christ seine geistlichen Gaben entdecken und entfalten kann, Emmelsbüll u. a. 2001.
3 Silke Obenauer/Andreas Obenauer, Ich bin dabei. Gaben entdecken – Akzente setzen – Welt gestalten, Asslar 2011. – Auch im katholischen Bereich wird an Gabenmaterialien gearbeitet, im Bistum Hildesheim ist dies integriert in Prozesse lokaler Kirchenentwicklung; vgl. Gabriele Viecens, Ad Experimentum – Charismen als wesentlicher Baustein einer lokalen Kirchenentwicklung, in: Kirchenentwicklung im Rahmen von Kultur und Bildung, in: Valentin Dessoy/Martin Lätzel/Gundo Lames/Christian Hennecke (Hg.), Kirchenentwicklung: Ansätze – Konzepte – Praxis – Perspektiven, Trier 2015, 437–444.

hen ist. So bekommt jeder Seminarteilnehmer ein Bild: Wie nehme ich mich wahr, z. B. im Bereich Organisation oder Leitungsaufgaben oder diakonischem Engagement oder Gebet? Und wie nehmen andere mich wahr? Immer wieder machen Menschen dabei überraschende Entdeckungen, wenn die eigene Einschätzung und die Wahrnehmung von anderen miteinander verglichen werden: „Dass ich das Charisma des starken Glaubens habe – das glaube ich nicht!" oder: „Bisher habe ich immer gedacht: dass ich Dinge sehe, die getan werden müssen und gleich anpacke, das ist doch selbstverständlich. Mir war nie klar, dass das ein Charisma ist." Die Charismentests orientieren sich dabei an den neutestamentlichen Charismenkatalogen und nehmen zudem neuzeitlich-orientierte Charismen auf.[4]

Die genannten Materialien unterscheiden sich in theologischem Ansatz, Auswahl der Gaben, Sprache, Komprimiertheit, Gestaltung der Abende und zusätzlich aufgenommenen Elementen. Für den eigenen Gebrauch ist es sinnvoll, zum einen zu entscheiden, welches der Materialien am besten in die Situation vor Ort hineinpasst, zum anderen das gewählte Material gegebenenfalls noch weiter für die eigene Situation vor Ort anzupassen – z. B. durch liturgische Elemente und/ oder Zeiten des Innehaltens zu ergänzen.

Alle Materialien enthalten Beratungselemente, sei es als Gruppencoachings, sei es als nach dem Seminar verpflichtend oder freiwillig angebotene Auswertungsgespräche, sei es als Kombination von beidem. Diese Beratungselemente sind wichtig, um das Entdeckte zu reflektieren, zu deuten und nächste Schritte anzugehen.

Eine andere Möglichkeit, die eigenen Charismen zu entdecken, besteht darin, in einer kleinen Gruppe ins Gespräch darüber zu kommen:[5] Was nehmen wir an uns selbst und aneinander wahr, was wir gut können? Haben wir dabei schon die Erfahrung gemacht, dass das andere weitergebracht hat, sodass wir sagen würden: Da war Gott mit im Spiel? Und gibt es Tätigkeiten, bei denen wir uns Gott, anderen und uns selbst besonders nahe fühlen? Dabei ist es nun allerdings

4 Vgl. Silke Obenauer, Gottes bunte Gnade. Plädoyer für die Wiederentdeckung der Gaben in der Kirche, Theologische Plädoyers 3, Münster 2009, 38–40.
5 Vgl. zum Folgenden Silke Obenauer, Gaben entdecken im Hauskreis, in: Das Hauskreis-Magazin 29 (2014), 50–54.

wichtig, möglichst breit zu denken und nicht nur das Spektakuläre oder Auffällige im Blick zu haben. Das zeigen bereits die biblischen Charismenkataloge (vgl. 1 Kor 12,8–10.28–30; Röm 12,6–8): Sie nennen sehr unterschiedliche Gaben: aus den Feldern Verkündigung und Lehre, diakonische Tätigkeiten, aus dem wunderhaften Bereich ebenso wie Organisations- und Leitungsaufgaben; zudem bieten sie keine fest vorgegebene Anzahl von Charismen. Bei solchen kleinen Gruppen ist z. B. an Gruppen zu denken, die miteinander einen Dienst tun: Die Menschen kennen sich untereinander und ihre gegenseitigen Rückmeldungen können mit konkretem Tun verschränkt werden.

Beide Wege, die eigenen Charismen zu entdecken, dienen dazu, das eigene Gespür für sich, für die Beziehung zu Gott und zu anderen zu stärken, um dann in der Praxis konkrete Wege zu gehen: sei es im innerkirchlichen, sei es im außerkirchlichen Bereich. Damit wird auch deutlich: Bieten Gemeinden Räume an, damit Menschen ihre Charismen entdecken können, so handelt es sich nicht um ein Programm zur gemeindlichen Mitarbeitendengewinnung. Es geht vielmehr darum, Getaufte zu unterstützen, wie sie ihre Taufgnade leben können – in der Gemeinschaft des Leibes Christi.

Aber damit sind wir schon beim Aspekt: Charismen einsetzen.

Charismen einsetzen

Die beiden Aspekte „Charismen entdecken" und „Charismen einsetzen" sind aus Darstellungsgründen getrennt. In der Praxis hängen sie eng miteinander zusammen, da Charismen darauf zielen, ihre Wirkung im Leib Christi zu entfalten.

Aus der Perspektive von Gemeinden zeigen sich, analog konzentrischer Kreise, verschiedene Möglichkeiten, charismenorientiertes Engagement zu fördern. Da es um die Entdeckung dessen geht, was Gott uns schenkt, soll die Devise leitend sein: „Augen auf":

„Augen auf" bei den Mitarbeitenden, die sich bereits engagieren: Wie verteilen wir die Arbeit in unseren Teams, welche Rolle spielen die Charismen der Einzelnen dort, können sich die Einzelnen entsprechend ihrer Charismen einbringen?

„Augen auf", wenn eine Aufgabe neu besetzt wird, weil sich eine Lücke auftut: Sind Menschen, die hier ihr Charisma und zeitliche Ressourcen haben, dazu bereit, sie zu übernehmen und auszugestalten? Falls nicht, kann für das Leitungsgremium die Frage hilfreich sein: Handelt es sich um eine Aufgabe, die notwendig zu unserem Auftrag als christliche Gemeinde vor Ort gehört angesichts der sich hier zeigenden Herausforderungen? Oder handelt es sich um ein wünschenswertes Arbeitsfeld? Im letzten Fall wäre es m. E. sinnvoller, das Arbeitsgebiet auszusetzen, auch wenn das schmerzhaft sein kann; im ersten Fall kann über eine Übergangslösung nachgedacht werden, die allerdings nicht unter der Hand zur Dauerlösung werden darf. Das Eingangsbeispiel der Kirchendienerin kann dabei veranschaulichen, dass im Tun auch ein Charisma erscheinen kann – allerdings nicht als Zwangsrekrutierung unter moralischem Druck!

„Augen auf", wenn es darum geht, dass wir uns als christliche Gemeinde zu neuen Arbeitsbereichen gerufen fühlen: Hier geht es darum, von Anfang an die Herausforderungen vor Ort, den Bedarf und sich zeigende Charismen miteinander ins Gespräch zu bringen. Dann kann neues Leben entstehen. Das zu Beginn dargestellte Beispiel vom Entstehen eines Trauerkreises illustriert dies. Ebenso gut ist es möglich, dass Menschen ihr Charisma außerhalb des innerkirchlichen Bereiches einsetzen (Beruf, Sportverein, Familie, etc.) – auch hier leben sie als Glieder des Leibes Christi ihre Sendung, und es ist wichtig, dies wertzuschätzen und dazu zu ermutigen. Es gibt kein Charisma, das nicht gebraucht wird; manchmal braucht es Kreativität, damit es „landen" kann.

Im Übergang vom zweiten zum dritten konzentrischen Kreis des „Augen auf" ändert sich das Kirchenbild: Hier bewegen wir uns weg von zuvor definierten Aufgaben, also einer Aufgabenorientierung, hin zu Charismen und der Frage: Was will Gott uns sagen: mit den Herausforderungen, vor denen wir uns sehen, mit den Charismen, die er uns schenkt? Und was bedeutet das für unser Kirchesein hier am Ort? Hier beginnt konkret zu werden, dass es bei Ehrenamtlichen um mehr geht als um Lückenbüßer und dass es um mehr und anderes geht, als die flächendeckende Versorgungskirche aufrechtzuerhalten. Am Horizont zeichnet sich diese neue Weise des Kircheseins ab, wenn

Getaufte ihre Charismen entdecken und zum Aufbau des Leibes Christi einbringen und ihre Sendung in die Welt leben.

Herausforderungen für das Leitungsgremium einer Gemeinde

Wollen Gemeinden den Weg zum charismenorientierten Ehrenamt gehen, ist es wichtig, dass das Leitungsgremium, einschließlich der Hauptamtlichen, Vision und Ansatz der Charismenorientierung teilt und fördert. Dazu gehört eine Verständigung darüber: Was beinhaltet Charismenorientierung und was bedeutet es für unser Kirchesein hier am Ort? Wie können wir Charismen entdecken helfen und entdeckte Charismen zusammenfügen zum Wohl des Leibes Christi? Ein Blick auf die bisherige Praxis des Engagements von Ehrenamtlichen und deren Begleitung ist ferner ebenso hilfreich wie die Schaffung von Kommunikationsräumen, um Gemeindeglieder auf diesen Weg mitzunehmen und mögliche Ängste zu Wort kommen zu lassen. Sinnvoll ist es überdies, wenn Mitglieder des Leitungsgremiums und auch die Hauptamtlichen selbst ein Seminar zur Charismenentdeckung erleben und sich darüber austauschen.

Ganz grundlegend ist bei allem Tun die Einübung in eine geistliche Grundhaltung: das Vertrauen, dass Gott uns in den Charismen schenkt, was wir jeweils für unsere Gemeinde brauchen. Sodass wir, wenn wir uns auf den Weg zum charismenorientierten Ehrenamt machen, zugleich der bunten Gnade Gottes (1 Petr 4,10) auf der Spur sind und entdecken, was Gott uns verheißt.

Silke Obenauer

Orte des Zuhörens

„Neues Ehrenamt" ganz konkret

„Was die kleine Momo konnte wie kein anderer, das war: Zuhören. Das ist doch nichts Besonderes, wird nun vielleicht mancher Leser sagen, zuhören kann doch jeder. Aber das ist ein Irrtum. Wirklich zuhören können nur ganz wenige Menschen. Und so wie Momo sich aufs Zuhören verstand, war es ganz und gar einmalig."[1]

Einführung

Wünscht sich das nicht jede und jeder? Einen Menschen zu treffen, der einem wirklich zuhört, wie Momo? In den Orten des Zuhörens finden wir die Ehrenamtlichen, die für andere ein offenes Ohr haben – wie Momo.

Ein verlässlicher Ort im Herzen der Gemeinde, zu dem Menschen mit ihren Fragen, Sorgen und Nöten kommen können und auf Frauen und Männer treffen, die ihre Zeit und Fähigkeit einbringen, zuzuhören – das wollen die „Orte des Zuhörens" sein.

Der folgende Beitrag möchte aufzeigen, woher die Idee zu den Orten des Zuhörens stammt, was die Orte des Zuhörens auszeichnet und welche Entwicklungen sie anstoßen möchten. Anhand der Einblicke in die Orte des Zuhörens in den beiden Städten Horb und Freudenstadt soll aufgezeigt werden, wie die Orte des Zuhörens ganz praktisch funktionieren, welche Voraussetzungen und Motivationen zu einer Tätigkeit bei den Orten des Zuhörens führen und wie das Ehrenamt hier ganz konkret aussieht. Unter der Überschrift „Neues Ehren-

---

1   Michael Ende, Momo, Stuttgart 1973, S. 15.

amt" wird der Beitrag ein besonderes Augenmerk auf die Merkmale „Teilhabe", „Autonomie" und „Qualifizierung" legen.

Orte des Zuhörens – um was geht es?

Die „Orte des Zuhörens" sind ein niederschwelliges Angebot für Menschen mit persönlichen Nöten, mit sozialen, materiellen oder finanziellen Anliegen und Notlagen, unabhängig von ihrer Herkunft oder Konfession. Ehrenamtliche Mitarbeitende stellen den Hilfesuchenden Zeit zur Verfügung und sind bereit, zuzuhören. Sie nehmen Anteil, schätzen den ganzen Menschen aus einer christlichen Grundhaltung heraus wert; geben Raum zum Gespräch und schließlich Orientierung bis hin zur Vermittlung von Kontakten zu entsprechenden Ämtern, Fach- und Sozialdiensten sowie den Kirchengemeinden vor Ort.

Man kann die Orte des Zuhörens auch als Modell „gelebter Nachbarschaft" beschreiben. In Form von festdefinierten Sprechstunden bieten sie einen Ort, der Ratsuchenden als leicht zugängliche Anlaufstelle dient. Die Orte des Zuhörens bieten ein „offenes Ohr", bei welchem Raum für ein Gespräch ist und Sorgen abgeladen werden können. Darüber hinaus übernehmen sie die Funktion eines Wegweisers, indem sie bei der Orientierung und Vermittlung in andere Hilfsangebote unterstützen. Gleichzeitig wirken sie wie ein Seismograf, indem Notlagen Gehör finden und sichtbar gemacht werden.

Ursprung – woher kommt die Idee?

Die Idee für die Orte des Zuhörens geht zurück auf den zwischenzeitlich verstorbenen Mailänder Kardinal Carlo Maria Martini. Sein Anliegen war vor allem eine Wiederbelebung der Geschwisterlichkeit. Ebenso ging es ihm aber auch darum, dass Kirche Anteil nimmt am Leben der Menschen vor Ort, indem sie sich für deren Notlagen, Probleme und Bedürfnisse öffnet. Zwischenzeitlich gibt es in der Diözese Mailand bei 1.107 Kirchengemeinden über 300 „centri d'ascolto". Seit 1999 gibt es eine intensive Partnerschaft der Caritas Ambrosiana mit dem Caritasverband der Diözese Rottenburg-Stuttgart. Vor dem Hintergrund, dass auch in unserer Gesellschaft Einsamkeit zunimmt, der Bedarf an Unterstützung wächst, öffentliche Hilfeleistungen immer mehr eingeschränkt und der Zugang für Ratsuchende stetig komplexer wird, entstand die Frage, wie ein verlässlicher Ort, wie Kirche am Ort präsent und sichtbar sein kann. Inspiriert von der Idee der „centri d'ascolto" entstand 2005 der erste „Ort des Zuhörens" in Reutlingen. Mittlerweile gibt es über 30 Standorte in der Diözese, die gemeinsam von der verbandlichen Caritas, von Kirchengemeinden, Seelsorgeeinheiten und anderen kirchlichen Einrichtungen und Gruppen getragen werden.

Standards – Merkmale der Orte des Zuhörens

Angelehnt an die Konzeption der „centri d'ascolto" wurde von erfahrenen Praktikern eine Rahmenkonzeption mit festdefinierten „Standards" entwickelt. Dabei wurde die ursprüngliche Konzeption den hiesigen sozialen, politischen und gesellschaftlichen Strukturen angepasst und in den letzten Jahren kontinuierlich weiterentwickelt. Mit dem Wissen um die unterschiedlichen Gegebenheiten vor Ort war und ist es erklärtes Ziel der Standards, ein qualitativ hochwertiges und wiedererkennbares Angebot anzubieten, welches gleichzeitig den Verantwortlichen die notwendige Flexibilität lässt, individuelle Besonderheiten zu berücksichtigen und eigene Akzente zu setzen.

Folgende Standards, die aus Platzgründen nur stichwortartig aufgeführt werden können, zeichnen die Orte des Zuhörens aus[2]:

Zuhören

Das Herzstück eines jedes „Ortes" ist das Zuhören – als aktive Tat, wie sie in Formulierungen wie „jemandem ein offenes Ohr leihen" oder „einem anderen Gehör schenken" deutlich wird. So steht im Vordergrund nicht die Zahl der durchgeführten Gespräche, sondern die

---

2 Ausführliche Erläuterungen siehe Rahmenkonzeption Orte des Zuhörens, Herausgeber: Diözese Rottenburg-Stuttgart und Caritasverband der Diözese Rottenburg-Stuttgart, 2015.

Wirksamkeit eines Ortes des Zuhörens als Zeichen einer offenen, hinhörenden Gemeinde.

Trägerschaft

Die Einrichtung und Trägerschaft liegen in der Regel bei Kirchengemeinden, Seelsorgeeinheiten oder anderen kirchlichen Einrichtungen und Gruppen.

Kooperation

Die Orte des Zuhörens sind ein Kooperationsprojekt zwischen verbandlicher Caritas und verfasster Kirche mit folgenden Verantwortlichkeiten: Die pastoralen Ansprechpartner sind zuständig für die Ehrenamtlichen und Ansprechpartner bei Fragen, die diese nicht alleine lösen können. Die verbandliche Caritas berät beim Aufbau der Standorte und ist für die Durchführung der Schulungen und die kontinuierliche fachliche Begleitung zuständig.

Tandem

Die Ehrenamtlichen sind bei Ausübung ihrer Tätigkeit zu zweit und hören immer im Tandem zu.

Niedrigschwelligkeit

Die Standorte sollen öffentlich zugänglich sein und möglichst geringe Zugangsbarrieren besitzen. Neben Pfarr- und Gemeindehäusern, Bürgerbüros und Schulen kommen Caritaseinrichtungen und andere passende Orte im öffentlichen Raum in Frage.

Qualifizierung

Die Ehrenamtlichen erhalten vor Beginn ihrer Tätigkeit eine umfassende Grundlagenschulung, welche neben Modulen zur Wahrnehmung, Kommunikation und Abgrenzung auch die Vermittlung von Wissen über das soziale Sicherungssystem und seinen Hilfeleistungen beinhaltet[3]. Darüber hinaus werden sie während ihrer Tätigkeit

---

3   Ausführliche Erläuterungen siehe Standards Grundlagenschulung Orte des Zuhörens.

regelmäßig durch Supervisionen, Workshops und Fallbesprechungen fachlich begleitet.

Ehrenamtlichen

Die Ehrenamtlichen planen, koordinieren und führen die Sprechstunden selbstständig durch. Angelehnt an die „centri d'ascolto" in Mailand beziehen sie dabei immer auch ihr eigenes Wissen, Kompetenzen und Netzwerke bei den Lösungsansätzen und Hilfsangeboten ein und arbeiten mit den verschiedenen Institutionen, Einrichtungen, Vereinen und Gruppen über die Kerngemeinde hinaus zusammen.

Auswirkungen – Was wollen die Orte des Zuhörens wie erreichen?

Teilhabe und Autonomie

Die Orte des Zuhörens bieten ein Engagementfeld, bei welchem Ehrenamtliche ihre Zeit, Zuwendung, Aufmerksamkeit und Kompetenz in den Dienst hilfesuchender Menschen stellen. Die Standards stellen hierfür einen Rahmen bereit, innerhalb dessen die Ehrenamtlichen selbstständig agieren und ein eigenes Profil entwickeln können. Sie sollen aktiv in die Gestaltung und Umsetzung der Tätigkeit miteinbezogen und zu „Beteiligten" werden, die mit einem hohen Maß an Teilhabe und Autonomie das Gesicht des Angebots mitprägen.

Qualifizierung

Die Orte des Zuhörens sind ein anspruchsvolles Ehrenamt, welches hohe Anforderungen an die sozialen und emotionalen Kompetenzen der Ehrenamtlichen stellt. Die professionelle fachliche Begleitung vor und während der Tätigkeit ist unverzichtbar und maßgeblich mitentscheidend für die Qualität des Angebots. Neben der persönlichen und fachlichen Qualifizierung möchte sie die Ideen und Lösungsmöglichkeiten der Ehrenamtlichen sichtbar machen und fördern. In der festen Überzeugung, dass deren vorhandene Kompetenzen und Ressourcen in Ergänzung zum professionellen Hilfesystem „einzigartige" Lösungs- und Hilfemöglichkeiten freisetzen, soll Selbstwirksamkeit erlebbar gemacht und gestärkt werden.

Eine solche Form des Ehrenamts hat seinen Preis. Es fordert. Nicht nur die Ehrenamtlichen, sondern auch die beteiligten Organisationen. Kontrolle muss abgegeben und Selbstständigkeit aufgebaut werden. Dazu gehört Mut, Offenheit und Lust auf Neues. Doch die Erfahrung zeigt, dass auf diesem Wege Neues wachsen kann. Wo Raum zur Selbstständigkeit gegeben wird, kann Beteiligung wachsen. Wo professionelle Begleitung Teilhabe und Selbstwirksamkeit stärkt, können Denken und Handeln langfristig verändert werden und solidarisches Handeln in unserer Gesellschaft ausgebaut werden.

Orte des Zuhörens in Horb und Freudenstadt

Am Anfang stand die Erkenntnis, dass es in unserer Gesellschaft immer mehr Menschen gibt, die das Leben nicht mehr alleine bewältigen können. Die Schere zwischen Arm und Reich geht auseinander, der Bedarf an Unterstützung und Hilfeeinrichtungen wächst. Aber für professionelle Hilfe fehlt oft das Geld – und wo es sie gibt, fehlt den Helfern meist die Zeit. Für den Dekanatsrat des Dekanats Freudenstadt war klar, dass Kirche wieder mehr bei den Menschen sein muss, die in Not sind. Der Dekanatsrat fasste im Herbst 2006 den Beschluss, ein „Netzwerk Caritatives Ehrenamt" im Dekanat ins Leben zu rufen, ohne sich zu diesem Zeitpunkt bereits sicher zu sein, wohin die Reise gehen sollte. Wesentlich war den Beteiligten dabei ein Zitat von Papst Benedikt XVI. aus der Enzyklika „Deus caritas est": „Die Kirche kann den Liebesdienst so wenig ausfallen lassen wie Sakrament und Wort."

Von einem Besuch in den Centri d'Ascolto in Mailand, zu dem die Caritas Region Schwarzwald-Gäu eingeladen hatte, kehrte die kleine Freudenstädter Delegation begeistert zurück. So entstand auch für das Dekanat die Idee eines Ortes, an dem es Menschen gibt, die sich für die Nöte eines anderen interessieren, sich dafür Zeit nehmen und zuhören. Seit Frühjahr 2008 gibt es im Katholischen Dekanat Freudenstadt in Horb und in Freudenstadt jeweils einen Ort des Zuhörens, der dort „Zentrum des Zuhörens" heißt. Einmal pro Woche bieten dort Ehrenamtliche als Zuhörer/innen Sprechstunden an. Die Zentren des Zuhörens sind ein gemeinschaftliches Projekt der beiden Kirchengemeinden von Horb und Freudenstadt, der Horber Spitalstiftung, des Caritaszentrums Horb und des Katholischen Dekanats Freudenstadt.

Neues Ehrenamt

Den Auftakt für das Projekt in Horb und Freudenstadt machte ein Zeitungsartikel, in dem beiläufig um Zuhörer geworben wurde. Überrascht waren die Initiatoren von der großen Resonanz darauf: Es meldeten sich über dreißig Personen. Zwanzig Zuhörer und Zuhörerinnen wurden in einem vierteiligen Ausbildungskurs geschult zu den Themen Kennenlernen und Einführung, Kommunikation, Armut und Zentrum des Zuhörens konkret.

Der Wunsch der Menschen, sich aus ihrer christlichen Überzeugung heraus für eine bessere Welt engagieren zu können, wird stark spürbar. Das Projekt „Zentrum des Zuhörens" bietet dazu die Möglichkeit, direkt im Herzen der eigenen Kirchengemeinde: Geht es uns nicht oft so, dass wir Not und Ungerechtigkeit sehen, uns fragen, wie man helfen kann, und es dann doch lassen, weil der nächste Schritt zu groß oder alles doch zu kompliziert erscheint? Eine Zuhörerin berichtete, dass sie sich schon oft gefragt habe, wie man all den einsamen Menschen helfen könne, aber nie weiter als bis zu diesem Gedanken gekommen sei.

Fragt man die Ehrenamtlichen, warum sie sich im Zentrum des Zuhörens engagieren, bekommt man ganz unterschiedliche Antworten. Bei den Älteren sind es meist persönliche Erfahrungen, die sie antreiben, nun für andere da sein zu wollen. Eine Frau beschrieb eindrücklich als ihre Motivation die schreckliche Erfahrung, dass ihr Mann sie verlassen hat. Damals habe sie gemerkt, wie wichtig es sei, jemand unparteiisches zu haben, der einem zuhört. Eine andere Zuhörerin ist Gott dankbar dafür, dass sie bisher so viel Gutes in ihrem Leben erfahren hat, und möchte dies nun an andere Menschen weitergeben. Persönliche christliche Werte und die Erkenntnis, dass der Dienst am Nächsten christlicher Liebesdienst ist, sind für praktisch alle Zuhörer Gründe für ihr Engagement. Bei einer jüngeren Zuhörerin ist es der Wunsch, sich in einem neuen Feld engagieren zu können. „Ich wollte weiter in der Kirche für die Menschen tätig sein, aber in einem neuen Feld."

Nach Beendigung der Ausbildung haben wir alle Zuhörer/innen noch einmal nach ihrer Motivation befragt. Eine Zuhörerin sagt: „Ich engagiere mich im Zentrum des Zuhörens, weil dieses Angebot eine Antwort auf die vielfältigen Nöte, Ängste und Ratlosigkeiten der Menschen ist. Wenn mir jemand ‚wirklich‘ zuhört, dann fühle ich mich geachtet und als Person angenommen. Viele Menschen erleben dies viel zu selten. Hier können wir im besten christlichen Sinne wirken."

Eine andere Zuhörerin schreibt: „Ich engagiere mich, weil ich selber Hilfe erfahren habe, die ich nun zurückgeben möchte. Und weil ich erfahren habe, wie wohltuend, heilend und befreiend echtes Zuhören sein kann."

Viele der Ehrenamtlichen kommen aus einem sozialen Beruf und erleben fast täglich hautnah mit, dass es immer mehr Menschen gibt, denen niemand zuhört, denen niemand Zeit schenkt. „Sie sind heute die Erste, die ich sehe!", das sind Worte, die eine Mitarbeiterin der Sozialstation und jetzt Ehrenamtliche im Zentrum nicht selten bei ihren abendlichen Besuchen zu hören bekommt. Vereinsamung, insbesondere bei älteren und kranken Menschen ist ein Problem, das aber meist unsichtbar bleibt.

Ihre Kraft schöpfen sie aus der eigenen Lebenserfahrung und aus dem Vertrauen darauf, dass Gott ihnen das Talent des Zuhörens geschenkt hat, um es für andere Menschen einzusetzen: „Ich habe mir gesagt, wenn mir der liebe Gott eine solche Fähigkeit gegeben hat, dann sollte ich sie auch einsetzen."

Aufgaben im Ehrenamt

Im Zentrum des Zuhörens tragen sich die Ehrenamtlichen in einen Dienstplan ein. Bei einer Sprechstunde pro Woche sind die Ehrenamtlichen im Schnitt alle sechs Wochen an der Reihe. Je nach persönlicher und beruflicher Situation können sich die Ehrenamtlichen engagieren und bestimmen dabei den Umfang und die Häufigkeit ihres Ehrenamts selber.

Alle vierzehn Tage wird in Horb der sogenannte „Papiertiger" angeboten. Bei diesem helfen die Zuhörer und Zuhörerinnen den Besuchern beim Ausfüllen von Anträgen, beim Verstehen von Behördenbriefen, beim Sortieren von Unterlagen für die Schuldnerberatung oder beim Erstellen von Bewerbungsunterlagen. Diesen Dienst nehmen nur einige der Zuhörer war, die sich speziell weiterqualifiziert haben.

Im Laufe der Jahre sind aus den Erfahrungen im Zentrum des Zuhörens heraus weitere Projekte erwachsen. Die wichtigsten und größten sind die beiden ökumenischen Vesperkirchen in Horb und Freudenstadt im Januar und Februar. Neben einem schmackhaften Essen und guter Gemeinschaft zeichnet die Vesperkirchen im Dekanat Freudenstadt aus, dass jeder Gast an der Tür von zwei Zuhörern persönlich begrüßt wird. Neue Gäste, die sich noch nicht auskennen, werden in die Vesperkirche eingeführt. Während der Zeit der Vesperkirche stehen die Zuhörer auch für vertrauliche Gespräche in einem geschützten Raum jederzeit zur Verfügung. Bei den Vesperkirchen wird der Dienst der Zuhörer einer breiten Öffentlichkeit sichtbar und bewusst. Viele Gäste der Vesperkirche schätzen die persönliche Begrüßung sehr und auch die Zuhörer haben in diesen Tagen das Gefühl, viel „zurückzubekommen".

Weitere Projekte, in denen die Zuhörer ihre speziellen Fähigkeiten einbringen können, sind die Warentauschbörsen im Herbst und die Nikolausaktion, bei der der Nikolaus bedürftige Familien besucht. Die Ehrenamtlichen übernehmen auch einen Teil der Öffentlichkeitsarbeit für ihr Zentrum des Zuhörens und vertreten es auch gegenüber der Kommune. Beim Horber Frühling sind sie jedes Jahr mit einem eigenen Stand vertreten und informieren die Bürger über das Angebot.

Mitbestimmung im Ehrenamt
Vier- bis fünfmal im Jahr treffen sich die Haupt- und Ehrenamtlichen des Zentrums des Zuhörens. Diese Treffen dienen zum einen dem Austausch, der Fallbesprechung und zum Teil auch der Fortbildung. Sie dienen aber vor allem auch dazu, die kommenden Monate gemeinsam zu planen.

Die Entscheidung, was angepackt und durchgeführt wird, geschieht dabei per Mehrheitsbeschluss. Etliche Ideen der Ehrenamtlichen wurden so schon umgesetzt. Dadurch entwickelte sich bei Haupt- und Ehrenamtlichen gemeinsam die Gewissheit, dass es „unser" Zentrum des Zuhörens ist. Dies liegt sicher auch darin begründet, dass die Hälfte der Zuhörer bereits seit Beginn mit dabei ist und gemeinsam erlebt hat, wie aus einer kleinen Idee etwas Großes geworden ist.

Fazit und Ausblick

Im Kath. Dekanat Freudenstadt ist durch die Zentren des Zuhörens einiges entstanden. Auch wenn beide Vesperkirchen im Kreis von vielen Partnern gestemmt und veranstaltet werden, so kam der Anstoß doch von den Haupt- und Ehrenamtlichen aus dem jeweiligen Zentrum des Zuhörens.

Die Zentren des Zuhörens werden auch in Zukunft ein attraktives Feld für ehrenamtliches Engagement bieten, weil sie den Ehrenamtlichen ermöglichen, sich mit ihren Fähigkeiten in einem sehr frei gewählten zeitlichen Umfang zu engagieren und dabei ein zeitgemäßer Ausdruck einer diakonischen Pastoral sind, welche die Menschen mit ihren Anliegen, Sorgen und Nöten im Blick hat. Und vielleicht gelingt es durch dieses Engagement ja auch, einige Menschen ein bisschen zuversichtlicher und froher zu machen, so wie es der kleinen Momo gelungen ist.

„Sie konnte so zuhören, dass rastlose oder unentschlossene Leute auf einmal ganz genau wussten, was sie wollten. Oder dass Schüchterne sich plötzlich frei und mutig fühlten. Oder dass Unglückliche und Bedrückte zuversichtlich und froh wurden. Und wenn jemand meinte, sein Leben sei ganz verfehlt und bedeutungslos und er selbst nur irgendeiner unter Millionen, einer, auf den es überhaupt nicht ankommt und der ebenso schnell ersetzt werden kann wie ein kaputter Topf – und er ging hin und erzählte alles das der kleinen Momo, dann wurde ihm, noch während er redete, auf geheimnisvolle Weise klar, dass er sich gründlich irrte, dass es ihn, genauso wie er war, unter allen Menschen nur ein einziges Mal gab und dass er deshalb auf seine besondere Weise für die Welt wichtig war.

So konnte Momo zuhören!"[4]

Achim Wicker und Kim Hartmann

---

4   Michael Ende, Momo, Stuttgart, 1973, S. 15.

Freiwilligenarbeit inklusiv gestalten

Caritas Freiwilligen Agentur – „Gemeinsam Besonderes schaffen"

Wer wir sind – Die Caritas Ost-Württemberg

Die Caritas setzt sich gemäß ihrem Leitbild für benachteiligte und in Not geratene Menschen ein. In den Einrichtungen und Diensten werden Kinder, Jugendliche, Familien, Wohnungslose, Migranten und Arbeitssuchende beraten und unterstützt.

Die Caritas Ost-Württemberg ist eine von neun Regionen des Caritasverbandes der Diözese Rottenburg-Stuttgart e. V. Die Region erstreckt sich über die Landkreise Heidenheim und den Ostalbkreis. In den drei Kreisstädten (Aalen, Heidenheim und Schwäbisch Gmünd) werden sogenannte Caritaszentren vorgehalten. Die Caritas unterstützt solidarisches Handeln durch enge Zusammenarbeit mit Institutionen und freiwillig Engagierten in sozial-karitativen Tätigkeitsbereichen.

In den vergangenen Jahren wurden die Bereiche der Freiwilligenarbeit und der Gemeinwesenarbeit wesentlich ausgebaut. Ziel ist die Hilfe für benachteiligte Menschen und die Unterstützung und Förderung all jener, die sich für diese Menschen einsetzten. Die Erfüllung dieses Auftrags soll durch die Caritas Freiwilligen Agentur (nachfolgend CFA genannt) ergänzt werden.

Caritas Freiwilligen Agentur (CFA)

Die Freiwilligenagentur stellt ein Basisinstrument in der Arbeit mit freiwillig Engagierten dar. Sie bündelt sämtliche Aktivitäten der Caritas Ost-Württemberg im Bereich „freiwilliges/bürgerschaftliches Engagement".

Sowohl intern für die einzelnen Fachbereiche, wie z. B. Familienhilfe, Berufliche Integration, Wohnungslosenhilfe oder auch extern für soziale Einrichtungen und Dienste vor Ort, bildet sie die zentrale Anlaufstelle, wenn es um die Gewinnung, Vermittlung, Schulung und Begleitung von freiwillig Engagierten geht.

Im Blickpunkt des Agenturbetriebes stehen primär benachteiligte Menschen. Daher steht sie allen offen, die sich für andere Menschen und für die Verbesserung von Lebensbedingungen einsetzen wollen. Die CFA orientiert sich am Ansatz der Stärkenperspektive und der Ressourcenorientierung. Vermittelt werden sollen u. a. auch Menschen, die sich als Hilfesuchende an die Caritas wenden.

Die Caritas Freiwilligen Agentur in Heidenheim besteht seit September 2006. Sie entstand aus einem Projekt, das die Integration von Migrantinnen und Migranten aus dem Landkreis Heidenheim durch bürgerschaftliches Engagement fördert.

Es haben sich drei Vermittlungsschwerpunkte ehrenamtlichen Engagements herauskristallisiert:
• Übernahme einer Patenschaft
• Durchführung integrativer Gruppenangebote
• Mitarbeit in Institutionen

Von Beginn an hat sich folgende Funktionsweise in der CFA etabliert:
• Vermittlung von freiwillig Engagierten nach einem standardisierten Beratungsgespräch
• Begleitung der Freiwilligen während des Einsatzes
• Angebote zur Fortbildung und Reflexionsgespräche
• Unterstützung bei der Umsetzung sozial-karitativer Gruppen und Projekten von Ehrenamtlichen
• Beratung von Institutionen
• Öffentlichkeitsarbeit

Warum wir gemeinsam Besonderes schaffen – Hintergründe zum Projekt

Im Großen und Ganzen haben wir ein Ziel vor Augen, wenn es darum geht, das inklusive und von der Aktion Mensch geförderte Projekt „gemeinsam Besonderes schaffen" in die Praxis umzusetzen: „Die Achtung vor der Unterschiedlichkeit von Menschen mit Behinderungen und die Akzeptanz dieser Menschen als Teil der menschlichen Vielfalt und der Menschheit." (Zitat aus der Forderung aus der UN-Konvention 2006)

In den letzten Jahren gingen bei der CFA verstärkt Anfragen von Menschen mit Handicaps ein. Zum einen wurde um ein ehrenamtliches Engagement, zum anderen aber auch um Unterstützung und Hilfe zur Bewältigung ihrer besonderen Lebenslagen angefragt. Ebenso äußerten viele Menschen mit Handicap den Wunsch, mit anderen Betroffenen in Kontakt zu treten.

Menschen mit Handicap haben häufig nur sehr eingeschränkte Möglichkeiten zur Teilhabe am gesellschaftlichen Leben, insbesondere zur Aufnahme einer (Erwerbs-)Tätigkeit. Dadurch entfallen für sie auch damit verbundene positive Erlebnisse und Werte.

Durch die Aufnahme eines ehrenamtlichen Engagements erhalten Menschen mit Handicap die Gelegenheit, ihrem Leben einen Inhalt, ihrem Tagesablauf eine Struktur zu geben, Kontakte zu knüpfen, positive Eindrücke zu gewinnen u. v. m. Aus diesen Gründen verlagerte die CFA ihre Arbeit auf die Planung und Durchführung von integrativen Projekten von Menschen mit und ohne Handicap, um mit ihnen „gemeinsam Besonderes zu schaffen".

Im Jahr 2013 wurde eine dreijährige Projektförderung durch die Aktion Mensch bewilligt. Mit der Antragstellung wurden insbesondere Einrichtungen über die Projektidee in Kenntnis gesetzt und gemeinsam mit Betroffenen und Angehörigen Bedarfe und Ziele abgestimmt. Der Netzwerkgedanke wurde von allen Beteiligten als sehr positiv erachtet.

Menschen, die mit einem Handicap leben, haben zum einen besondere Bedürfnisse und Anforderungen an ihre Umgebung, zum anderen besitzen sie auch ganz besondere Fähigkeiten und Talente, die unsere Gesellschaft sehr bereichern. Durch die Idee der Inklusion sollen für diese Menschen Möglichkeiten der Teilhabe in allen Bereichen der Gesellschaft geschaffen werden.

Durch das Projekt „gemeinsam Besonderes schaffen" soll die Idee der Inklusion lebendig werden. Im gegenseitigen Respekt und direkten Kontakt zu den Menschen soll ein vielfältiges und buntes Miteinander entstehen. Ganz nach dem Motto der Aktion Mensch, in dem es heißt: „Alle Menschen sollen gleichberechtigt am Leben teilnehmen – mit oder ohne Behinderung. Damit gemeinsames Leben selbstverständlich wird."

Projektumsetzung – Praxisbeispiele

Im Nachfolgenden soll die praktische Umsetzung des Projektes näher beschrieben werden. Zur besseren Übersicht wird für jedes Engagementfeld, das heißt für „Patenschaften", „Einsatz in Institutionen" und „integrative Gruppenangebote" ein Praxisbeispiel aufgeführt.

Engagementfeld „Patenschaft"
Ausgangssituation: Im Juni 2013 kam es durch den regelmäßigen Austausch der CFA und dem sozialen Dienst einer ortsansässigen Krankenkasse zum ersten Kontakt zu einer im Landkreis Heidenheim lebenden Familie. Diese stammt aus Serbien und besteht aus dem damals 12-jährigen Sohn, der 15-jährigen Tochter, um die es auch in der Hauptsache bei der Patenschaft geht, sowie den beiden Eltern. Die Tochter der Familie hat die Glasknochenkrankheit, aufgrund derer sie sehr klein und körperlich stark eingeschränkt ist. Das Mädchen benötigt für die Fortbewegung einen Rollstuhl und zur Alltagsbewältigung immer wieder Unterstützung. Alle Familienmitglieder hatten zu Beginn der Begleitung durch die CFA erhebliche Sprachprobleme und konnten sich kaum auf Deutsch verständigen. Die Familie sprach nur Ungarisch und die Mutter auch zusätzlich Serbisch.

Die familiäre Situation stellte sich beim ersten Kennenlernen wie folgt dar: Der Vater ist berufstätig und ganztägig bei der Arbeit. Die Mutter ist Hausfrau und vor allem mit der Versorgung der Tochter beschäftigt. Der jüngere Bruder besucht die 6. Klasse der nahegelegenen Gemeinschaftsschule und erhält eine Sprachförderung. Das Mädchen wurde seit ihrer Einreise von keiner Behörde zum Schulbesuch aufgefordert. In Serbien besuchte sie mit Hilfe und Assistenz der Mutter die Regelschule.

Neben vielen Behördengängen, Arztbesuchen und Antragstellungen wurde das Hauptaugenmerk auf die Beschulung des Mädchens und die zeitnahe Aufnahme in eine geeignete Klasse gelegt. Aufgrund der bereits genannten Sprachprobleme musste eine Person mit ungarischen Sprachkenntnissen gefunden werden, die in der Lage war, die Familie in der praktischen Umsetzung aller anfallenden Aufgaben zu begleiten und zu übersetzen.

Gemeinsam mit der Familie wurde eine Übersicht der anstehenden Aufgaben erstellt. Mit Hilfe ehrenamtlicher Unterstützung konnten folgende Punkte gemeinsam bearbeitet werden:

- Testung der Tochter bezüglich der Beschulungsform
- Antragstellung einer Assistenz, um den Besuch einer Regelschule zu ermöglichen
- Begleitung zu Gesprächen an der Schule
- Antragstellungen zum Erhalt eines Schwerbehindertenausweises, eines geeigneten Rollstuhles, Kindergeld etc.
- Teilnahme bei Gesprächen mit Fachärzten
- Suche nach geeigneten Therapieformen

Die oben aufgeführten Beispiele sind nur ein Auszug dessen, was mit Unterstützung von ehrenamtlichem Engagement umgesetzt werden konnte.

Heute besucht das Mädchen erfolgreich die 8. Klasse einer Gemeinschaftsschule. Sie ist sehr gut integriert, konnte an verschiedenen Schulpraktika teilnehmen und spricht mittlerweile sehr gut Deutsch. Durch einen geeigneten Rollstuhl ist die Mobilität nicht mehr so eingeschränkt wie zu Beginn des Einsatzes und eine Teilhabemöglichkeit sowie größtmögliche Selbstständigkeit sind herbeigeführt worden.

Während der ganzen Zeit war eine enge Anbindung der freiwillig Engagierten an die hauptamtlichen Mitarbeiterinnen der CFA erforderlich. Es galt, die einzelnen Aufgaben gut zu strukturieren, der

Ehrenamtlichen Sicherheit in ihrem Tun zu vermitteln und immer wieder gemeinsam die Situation zu reflektieren. Die gesamte Familie ist Dank der Einsatzbereitschaft der ehrenamtlichen Mitarbeiterin gut in ihrer neuen Heimat angekommen.

Engagementfeld „Institution"
Nicht alle Freiwilligen können oder wollen sich im Rahmen einer Patenschaft engagieren. Klare Aufgabenbeschreibungen, feste Ansprechpartner, geregelte Einsatzzeiten oder die Einbindung in ein hauptamtliches Team sind nur einige Aspekte, die freiwillig Engagierte für sich als Vorteil ausmachen, wenn sie sich für einen Einsatz in einer Einrichtung entscheiden.

Zudem gibt es auch zu vermittelnde Ehrenamtliche, die genau eine solche klare und vorgegebene Struktur benötigen. Selbst zu organisierende Aufgaben ohne jede Anleitung oder auch die enge Anbindung im Rahmen einer Patenschaft kann manche Menschen verunsichern, vor allem, wenn sie gesundheitlich eingeschränkt sind. Im nachfolgenden Beispiel soll die Vermittlung eines Freiwilligen in eine soziale Einrichtung beschrieben werden.

Ausgangsituation: Ein 49-jähriger Mann mit psychischer Erkrankung wurde durch seinen Betreuer auf die Möglichkeit eines freiwilligen Engagements aufmerksam gemacht. Der Herr lebte einige Zeit in einer geschlossenen Wohngruppe für psychisch Kranke und wird nun nach dem Umzug in eine eigene Wohnung nur noch ambulant betreut.

Nach einem ersten Kennenlernen konnten die Ressourcen des Interessierten festgestellt werden und es stellte sich heraus, dass der Einsatz nur mit einem klar definierten Aufgabengebiet und persönlicher Anbindung an hauptamtliche Mitarbeiter erfolgen kann.

Aus diesem Grund wurde der Mann in ein Hausmeisterteam einer Altenhilfeeinrichtung vermittelt. Die dortigen Mitarbeiter sind gut in der Lage, auf die persönliche Situation des Ehrenamtlichen einzugehen und ihn bei seinem Engagement zu unterstützen.

Die Vermittlung und der erste Einsatz liegen bereits ein halbes Jahr zurück und die anfänglich enge Begleitung hat sich ausbezahlt. Der ehrenamtliche Mitarbeiter ist fest integriert, hat nunmehr eigenverantwortliche Aufgaben übertragen bekommen und ist ein fester Bestandteil eines gut zusammenarbeitenden Teams. Einladungen zu Mitarbeiterfesten oder eine gute Anerkennungskultur innerhalb der Einrichtung konnten den Herrn in seinem Selbstwert festigen und die regelmäßigen Einsätze geben ihm eine feste Struktur in seinem Alltag, der bislang hauptsächlich von Therapien und Arztterminen geprägt war.

Engagementfeld „integratives Gruppenangebot"
Freiwillig Engagierten, die über spezielle Kenntnisse oder besondere Fähigkeiten in bestimmten Themenbereichen verfügen und diese gerne an andere Interessierte weitergeben möchten, bietet sich die Möglichkeit, in Zusammenarbeit mit der CFA integrative Gruppenangebote zu initiieren, aufzubauen und durchzuführen.

Ausgangssituation: Durch Vermittlung eines Kollegen stellte sich im Februar 2014 eine Heidenheimer Künstlerin bei der CFA vor. Durch den Klinikaufenthalt eines Angehörigen hatte die Künstlerin mehrere Stationen des Heidenheimer Klinikums und auch die dort angebotenen Therapiemöglichkeiten, u. a. Kunst-und Maltherapie, kennengelernt.

Ihr Anliegen war es, sich für Patienten des Klinikums freiwillig zu engagieren, indem sie diese nach der stationären Entlassung zu Hause besuchen wollte, um mit ihnen zu malen und sich als Zuhörer und Gesprächspartner einzubringen. Ihre eigenen Bemühungen, ein entsprechendes Angebot zu etablieren, hatten im Vorfeld zu keinem Ergebnis geführt.

Die ersten beiden Treffen im Caritas-Zentrum dienten des gegenseitigen Kennenlernens, des Austausches über die jeweiligen Vorstellungen und Möglichkeiten, der Sondierung und Strukturierung und führten zu folgendem Ergebnis: Entstehen sollte ein Projekt mit dem Namen „Mobiles Atelier". Es richtet sich an Menschen, die nach einem Aufenthalt in der psychiatrischen Klinik wieder im häuslichen Umfeld leben, aber auch an Patienten anderer Stationen (z. B. Onkologie oder Palliativstation), die sich aufgrund ihrer Erkrankung in einer besonderen Lebenslage befinden.

Unter Anleitung der Künstlerin bekommen diese Personen die Möglichkeit, ihre erlernten Kenntnisse aus der Kunsttherapie in der Klinik auch zu Hause weiterhin für sich nutzen zu können. Ohne Leistungsanspruch und unabhängig von der Begabung kann mit Farben, Formen und verschiedenen Werkstoffen experimentiert werden. Kreatives Arbeiten und der Malprozess können als Ventil bei seelischem Druck helfen, eigene Themen zu bearbeiten und neue Lösungswege zu finden. Damit verbunden sind auch die Möglichkeit des Kennenlernens anderer, des gemeinsamen Gesprächs, des Austausches untereinander, der Strukturierung der Freizeit, Sinngebung des Tagesablaufs etc.

Ziele des Mobilen Ateliers sind:

- Förderung der Motivation
- Stärkung der eigenen Kräfte
- Stärkung des Selbstwertgefühls und der Identität
- Schaffung von Zugängen zu regulären Kursangeboten
- Teilhabe am gesellschaftlichen Leben

In einem darauffolgenden Gespräch mit der katholischen Klinikseelsorgerin signalisierte diese großes Interesse am Konzept und sicherte ihre Mitarbeit zu. So konnte das „Mobile Atelier" als Kooperationsprojekt der Klinikseelsorge mit der Caritas Ost-Württemberg zur Jahresmitte in die konkrete Umsetzung gehen.

Zunächst wurden Räumlichkeiten in einem katholischen Gemeindezentrum organisiert, wo 14-tägig das „Mobile Atelier" stattfinden konnte. Die Anschaffung nötiger Ausstattung und Materialien (Farben, Pinsel, Staffelei etc.) konnten aus zur Verfügung gestellten kirchlichen Mitteln erworben werden. Ein Flyer wurde erstellt und an den entsprechenden Stellen (Klinik, Ärzte etc.) ausgelegt.

Die Vermittlung potentieller Teilnehmer erfolgte zunächst ausschließlich über die Klinikseelsorge und die CFA. Schnell fand sich eine Gruppe von Frauen zusammen, die nach einem Aufenthalt in der Psychiatrischen Station das „Mobile Atelier" gerne bis heute nutzt. Da die Neuanmeldung in der Folge etwas stagnierte, fand Anfang 2015 ein Gespräch mit dem leitenden Arzt der psychiatrischen Abteilung statt mit dem Ergebnis, dass künftig auch die Kunsttherapeuten der Klinik als Vermittlungspersonen fungieren werden, was den potentiellen Teilnehmerkreis erheblich erweitert. Außerdem nimmt mittlerweile auch eine Patientin aus der Onkologie das Angebot des „Mobilen Ateliers" in Anspruch. Außerdem finden die Kursstunden ab Ende

2014 im Atelier der Künstlerin statt; dies aus Gründen der Praktikabilität und Erreichbarkeit.

Das „Mobile Atelier" als ehrenamtliches und zusätzliches Nachsorgeprojekt für ehemalige Patienten des Klinikums Heidenheim ist mit einem stimmigen Konzept und viel Engagement seitens der Künstlerin innerhalb weniger Monate gut angelaufen. Wie bisher finden weiterhin regelmäßig Reflexionsgespräche statt, eine enge Begleitung der Künstlerin durch die CFA ist auch künftig notwendig und bis Projektende sicher gegeben, nach Bedarf kann jederzeit auf sich ändernde Umstände und Bedarfe reagiert bzw. konzeptionell modifiziert werden.

Das „Mobile Atelier" ist ein wunderbares Beispiel gelebter Inklusion, gemeinsam wird kreativ und mit viel Phantasie Besonderes geschaffen!

Fazit

Das Projekt „Gemeinsam Besonderes schaffen" stellt für Menschen mit Handicap eine großartige Teilhabemöglichkeit dar, individuell angepasst auf die Fähigkeiten und Möglichkeiten jedes einzelnen freiwillig Engagierten bzw. passgenau abgestimmt auf die Bedürfnisse derjenigen Menschen, die Rat und Unterstützung benötigen.

Die Aufgabenstellung in der CFA ist vielfältig und besondere Anfragen stellen auch täglich eine besondere Herausforderung für das Team der CFA dar. Umso größer ist die Bereicherung und die Freude aller Beteiligten, wenn freiwilliges Engagement in der dargestellten Weise umgesetzt werden kann.

Auch wenn sich die ehrenamtlichen Einsätze in einem zeitlich begrenzten Rahmen abspielen, kann dies ein erster Schritt in eine neue, sinngebende Richtung sein, woraus sich durchaus mehr entwickeln kann, wie das Beispiel einer Frau mit psychischer Erkrankung zeigt, die zunächst in einer Altenhilfeeinrichtung einmal wöchentlich in ehrenamtlichen Einsatz vermittelt werden konnte und nun, zwei Jahre später, dort in eine reguläre Anstellung wechseln konnte.

Anita Knauß und Barbara Hoffmann

Netzwerk vor Ort

Kleine Netzwerke beleben den Sozialraum

Sich zu zweit zu engagieren, macht manchmal schon doppelt so viel Spaß, weil die Vielfalt der Ideen erhöht wird und sich die Aufgaben auf vier anstatt auf zwei Schultern verteilen. Außerdem bewegt sich jede Person in persönlichen Netzwerken, die im Einzelfall sehr weit verzweigt sein können – in Partnerschaften, Freundeskreisen, der (Patchwork-)Familie, in der Schule oder im Weiterbildungsbereich, im Beruf, im Ehrenamt oder in der Freiwilligenarbeit, in Freizeit orientierten Gruppen usw. So potenzieren sich die unterschiedlichen Sicht- und Herangehensweisen, Begabungen und Handlungsmöglichkeiten von Menschen mit jedem neuen Bündnispartner(in). Je einladender, transparenter und erfolgreicher das Engagement im Kleinen ist, desto einfacher ist es für diese Menschen, weitere in ihr kleines Netzwerk einzubinden. Die Fähigkeit, auf andere offen zuzugehen, und das Bedürfnis, sich selbst verantwortungsvoll in der Verwandtschaft, Nachbarschaft oder im Viertel einzubringen, sind die grundlegende soziale Ressource für die Bereitschaft, sich auch im öffentlichen Bereich zu (ver)binden. Erfahrungen von Vertrauen, Sicherheit und Rückhalt, von konstruktiver und effektiver Teamarbeit öffnen den Weg in größere Netzwerke, wie wir sie in funktionierenden Nachbarschaften, in Vereinen oder Verbänden, in Selbsthilfegruppen oder Kirchengemeinden finden. Wenn sich Menschen für ein gemeinsames Ziel oder Anliegen vernetzen, dabei Gemeinschaft und sozialen Rückhalt erleben, tragen sie einerseits dazu bei, ihre persönlichen Kompetenzen zu erweitern (individuelle Wertschöpfung), und andererseits fördern sie diejenigen, die auf die Hilfe oder das Engagement anderer angewiesen sind (soziale Wertschöpfung). Nicht zuletzt tragen Menschen, die sich von ihrer Lebenssituation berühren lassen, die bewusst wahrnehmen und sich informieren, dazu bei, Gesellschaft zu gestalten – demokratisch – human – christlich – sozial. Dieses Engagement kann sich bis in den sogenannten tertiären Sektor hinein ausweiten, wenn z. B. soziale Einrichtungen sich für den Sozialraum öffnen und von den dortigen Angeboten profitieren oder wenn Betriebe Engagierte freistellen und zugleich von deren in der „Freizeit" entwickelten Ideen- und Kompetenzenpotential profitieren. Netzwerke sind Zukunftsschmieden mit einem hohen Entwicklungspotential und wirtschaftlichen Nutzen – wenn sie funktionieren!

Was ist eigentlich ein Sozialraum?

Den Schlüssel für die Bündelung von Kompetenzen aus dem kirchlichen, kommunalen und bürgerschaftlichen Bereich bietet die Sozialraumorientierung. Was aber ist ein Sozialraum? Wann sprechen wir von einem Lebensraum oder einem Organisationsraum? „Im Begriff ‚Sozialraum' verschmelzen die beiden Begriffe ‚sozial' und ‚Raum'. Darin kommt die Wechselwirkung zwischen sozialer Beschaffenheit und territorialem Raum zum Ausdruck. Der Sozialraum ist ein durch Lebens-Funktionen gebildeter Raum (Wohnen, Arbeiten, Einkaufen, Freizeit). Der Organisationsraum ist die Raumeinteilung, die Organisationen (Staat, Kommune, Kirche) nach ihren eigenen Bedürfnissen bilden (z. B. Kirchengemeinden, Landkreise). Soziologisch betrachtet ist der Lebensraum der Raum, wo ein Mensch seine sozialen Kontakte hat und mit anderen Menschen in Beziehung tritt. Der Lebensraum ist unabhängig von einem Organisationsraum (Stadt, Dorf). Er wird individuell gewählt und lässt sich nicht von außen begrenzen."[1] Wer also sozialräumlich handelt, nimmt innerhalb eines bestimmten – von außen klar abgrenzbaren – Gebietes die Lebenssituation von Menschen in den Blick. Die Methoden der Sozialraumorientierung sind vielfältig und kreativ – der Sozialraum kann mit dem Fotoapparat, der Videokamera, durch Passanten- und Expertenbefragungen, auf künst-

---

1   Definition aus den Impulsen „Pastorale Entwicklung Kirche am Ort" – Das Projekt Gemeinde, 07.11.2013, Diözesanrat in Reute.

lerische Art und Weise oder über Internetrecherchen entdeckt werden, um nur einige Möglichkeiten sozialraumorientierten Vorgehens zu nennen. Die so gewonnenen Erkenntnisse bieten engagierten Bürgern und Bürgerinnen einen differenzierteren Einblick in ihr Wohnumfeld, wecken Interesse und entdecken Talente und Themen, die zuvor vielleicht verborgen waren.

Sozialraumorientierung wird so zu einem ganzheitlichen Planungsansatz, der die Beteiligung und Zusammenarbeit von Menschen erhöht. Der organisatorische Nutzen liegt in der Bündelung und Koordination von Ressourcen wie Mitarbeiter(inne)n, Geld, Marketingaktionen und Öffentlichkeitsarbeit, Coaching und Qualifizierungen, Räumen und weiterer Infrastruktur. Organisationen, die Menschen aktivieren, selbst Verantwortung für die Gestaltung ihrer Nachbarschaft oder Gemeinde zu übernehmen, kommen in Berührung mit Empowerment-Konzepten[2] und dem US-amerikanischen community organizing[3]. Das heißt, Menschen werden ermutigt, sich selbst als Expert(inn)en – in eigener Sache und im Gemeinwesen – für bedarfsgerechte Lösungen einzubringen. Kleine oder große gemeinde- und stadtteilorientierte Netzwerke entstehen, an denen sich beispielsweise auch Kirchengemeinden beteiligen (können). Sie ermöglichen

---

2 Definition von Empowerment in Wikipedia, 21. 01. 2015: Mit Empowerment (von engl. empowerment = Ermächtigung, Übertragung von Verantwortung) bezeichnet man Strategien und Maßnahmen, die den Grad an Autonomie und Selbstbestimmung im Leben von Menschen oder Gemeinschaften erhöhen sollen und es ihnen ermöglichen, ihre Interessen (wieder) eigenmächtig, selbstverantwortlich und selbstbestimmt zu vertreten. Empowerment bezeichnet dabei sowohl den Prozess der Selbstbemächtigung als auch die professionelle Unterstützung der Menschen, ihr Gefühl der Macht- und Einflusslosigkeit (powerlessness) zu überwinden und ihre Gestaltungsspielräume und Ressourcen wahrzunehmen und zu nutzen. Der Begriff Empowerment wird auch für einen erreichten Zustand von Selbstverantwortung und Selbstbestimmung verwendet; in diesem Sinn wird im Deutschen Empowerment gelegentlich auch als Selbstkompetenz bezeichnet.

3 Definition von community organizing in Wikipedia, 21. 01. 2015: Organizing oder Community Organizing bezeichnet ein Bündel an Maßnahmen für die Mitgliedergewinnung – meist von Gewerkschaften, aber auch Kirchengemeinden – und für die Stärkung der eigenen Durchsetzungskraft, das in dieser Form erstmals in den Armenvierteln von Chicago in den 1920er Jahren angewandt wurde. Unter Anleitung von Community Organizern werden die Bewohner befähigt und bestärkt, aktiv für ihre eigenen Interessen und oft gegen die Interessen großer Unternehmen, einzelner Unternehmer oder mächtiger staatlicher Einrichtungen vorzugehen. Als Begründer des Community Organizing gilt Saul Alinsky. Barack Obama hat als Community Organizer gearbeitet, Hillary Clinton hat ihre Bachelor-Arbeit über dieses Thema geschrieben und hatte dazu Saul Alinsky interviewt. Sowohl Obama als auch Clinton haben Alinskys Methoden zur Wahl-Mobilisierung eingesetzt.

die Umsetzung komplexer Projekte, die Antworten auf zentrale Fragen suchen (z. B. auf die Herausforderungen des demografischen Wandels). Solche Netzwerke benötigen in der Regel eine neutrale, professionelle Moderation mit methodischen Fähigkeiten zur Begleitung von Großgruppen und multiprofessionellen Organisationen. Was am Ende dieser Prozesse als Ergebnis steht, ist für die Beteiligten zu Beginn oft nicht erkennbar. Wertschätzung und Respekt für alle, die sich zugunsten eines gemeinsamen Anliegens engagieren. Das Vertrauen in den gemeinsamen Prozess ermutigen Menschen, ihre Lebenssituation selbst kreativ gestaltend mit anderen in die Hand zu nehmen. Dieses Vorgehen ist für kirchliche Gruppen und Gemeinden eine große Herausforderung, aber auch eine große Chance.

Was ist ein Netzwerk? Was ist eine Kooperation?

Es gibt viele Definitionen zum Begriff des sozialen Netzwerks. Hilfreich für die Sozialraumorientierung ist die folgende von Birkhölzer: „Netzwerke sind in der Regel informelle Sozialformen, in denen sich die unterschiedlichsten Gruppen, Einrichtungen und Personen zueinander in Beziehung setzen können, ohne ihre jeweilige Eigenständigkeit aufgeben zu müssen. Sie sind deshalb besonders geeignet für Formen der Zusammenarbeit, die über traditionelle bürokratische, politische und kulturelle Grenzen hinausgehen. Sie beruhen auf der Bereitschaft der Mitglieder, sich bei Bedarf die jeweiligen Fähigkeiten und Kenntnisse gegenseitig zur Verfügung zu stellen."[4] „In Netzwerken geht es um die Verfolgung von Zielen, die nicht mehr von Einzelakteuren (das schließt Einzelorganisationen mit ein) allein erreicht werden können. Dazu bringen die Akteure ihre persönlichen Kompetenzen, mehr noch aber ihre Kontakte und Beziehungen, in denen sie stehen, ein. Die Aktivitäten werden aus einem Pool von Möglichkeiten (dem Beziehungs-Netzwerk) bezogen und verbunden (Kooperation), um

---

4 Birkhölzer 1995, Lokale Ökonomie. In: Flieger, Nicholaisen, Schwendter (Hrsg.): Gemeinsam mehr erreichen. Kooperation und Vernetzung alternativ-ökonomischer Betriebe und Projekte. Bonn, S. 215, zitiert in Thorsten Mehnert/Ursula Kremer-Preiß, Kooperation und Vernetzung, Handreichung, Kuratorium Dt. Altenhilfe 02/14.

eine spezifische Leistung (gemeinsam erbrachte Aktivität) erstellen zu können."[5]

Netzwerke sind also dynamisch und einer stetigen Veränderung unterzogen. Sie sind eine Voraussetzung für Kooperationen, für die gemeinsam abgestimmte und festgelegte Zusammenarbeit von verschiedenen Partner(inne)n, die ein gemeinsames Ziel verfolgen. Wie komplex dieser Abstimmungsprozess sein kann, verdeutlicht die folgende Definition von Kooperation, die wie eine Checkliste von Verhandlungsthemen gelesen werden kann:

Nach Ernst von Kardoff versteht man unter Kooperationen eine „problembezogene, zeitlich und sachlich abgegrenzte Form der gleichberechtigten arbeitsteilig organisierten Zusammenarbeit zu festgelegten Bedingungen an einem von allen Beteiligten in einem Aushandlungsprozess abgestimmten Ziel mit definierten Zielkriterien. Sie umfasst das organisierte Zusammenwirken verschiedener aufeinander abgestimmter Angebote in einer Versorgungsregion innerhalb eines Versorgungssystems, idealerweise vor dem Hintergrund eines gemeinsamen konzeptionellen Grundverständnisses."[6] Kooperationen unterliegen also einem Abstimmungsprozess, der dazu beitragen soll, dass alle Beteiligten von ihrem Zusammenwirken profitieren, gemeinsame Ziele effektiver erreicht und nachhaltig umgesetzt werden. Im Folgenden sollen Faktoren aufgezeigt werden, die den Aufbau von Netzwerken im Sozialraum fördern bzw. behindern.

Was fördert den Aufbau von Netzwerken? Welche Faktoren behindern ihn?

Die Einbeziehung von Schlüsselpersonen und -kompetenzen und Fachwissen	Der Zeitaufwand für den Aufbau von neuen Beziehungen, für Kontakte
Die Bündelung von Ressourcen/Synergieeffekte	Divergierende Ideen, Konzepte

5 Baitsch 2001, S. 21f., Müller, B. (Hrsg.) in Zusammenarbeit mit Center for Corporate Citizenship e. V.: Moderation in regionalen Netzwerken, Eichstätt, 2001, zitiert in ebenda.
6 Kardoff 1998, Koordination und Kooperation. Anmerkungen zur Schnittstellenproblematik in der psychosozialen Versorgung. In: Röhrle, B., Sommer, G. & Nestmann, F. (Hrsg.): Netzwerkintervention. Tübingen, zitiert in ebenda.

Eine neutrale Moderation	„Machtgefälle", Konkurrenz
Der (kirchen- bzw. träger-)politische Wille zur Kooperation, die Bereitschaft, Ressourcen zu teilen	Fehlende Ressourcen für die Arbeit in Netzwerken
Die Bereitschaft zur Perspektiven- und Blickwinkelweitung	
Ehrliches Interesse, die Bereitschaft voneinander zu lernen	Unterschiedliche Kulturen, Sprachen
Eine neue institutionelle Ausrichtung (konzeptionell)	Profilierungssucht
Der Einsatz moderner Medien	Eingeschränkte Kommunikationskanäle
Partnerschaft auf Augenhöhe, Vertrauen	Starkes Kontrollbedürfnis, Misstrauen
Die Aussicht auf Erfolg, Win-Win-Situationen	Festhalten an „altbewährten" Konzepten

Welche Rahmenbedingungen sind wichtig für eine erfolgreiche Zusammenarbeit in Netzwerken?

- Zusätzliche Ressourcen für die Netzwerkarbeit (Zeit, Personal, Finanzen, Offenheit für neue Entwicklungen, eine neutrale Moderation)
- Verbindende Ziele und gemeinsame Interessen
- Gemeinsam entwickelte Strukturen (z. B. Projektmanagement oder regelmäßige Foren) und Kommunikationsformen, gemeinsamer Auftritt in der Öffentlichkeit (z. B. Logo, Flyer)
- Abgestimmte Formen der Aufwandsentschädigung und Wertschätzung im Netzwerk
- Partizipative und demokratische Strukturen, transparente Kommunikationswege
- Interdisziplinäre/organisationsübergreifende Leitungsstrukturen
- Eine gemeinsame Anlaufstelle (Büro, Raum, gemeinsam nutzbare Medien …)

Das Praxisbeispiel: die Initiative Solidarische Gemeinde Reute-Gaisbeuren[7]

Wie aus der Motivation eines Einzelnen über einen Zeitraum von mehreren Jahren Schritt für Schritt ein soziales Netz verschiedener Akteure aufgebaut werden kann, zeigt das Praxisbeispiel der Solidarischen Gemeinde Reute-Gaisbeuren (Landkreis Ravensburg). Auch hier fand ein Blickwechsel statt: Nachdem es sich als schwierig herausgestellt hatte, Engagierte für den Aufbau neuer Besuchsdienste für alte, einsame und kranke Menschen zu finden, suchte der Vorsitzender des Krankepflegevereins, Dr. Eisele, nach neuen Möglichkeiten außerhalb der eigenen Organisation und außerhalb der eigenen Kirchengemeinde. Ein spannender Prozess kam ins Rollen, der die Orte Reute und Gaisbeuren auch in den kommenden Jahren weiter bewegen wird.

Hintergrund
Die Initialzündung zu diesem Projekt entstand bei den Tagungen „*Alt werden in vertrauter Umgebung*" und „*Lebensqualität durch Nähe*".

Beispiele aus anderen Gemeinden zeigten hier, wie dem demografischen Wandel und den damit verbundenen Herausforderungen auf dem Land begegnet werden kann.

Ziele
• Strukturen schaffen, die die Voraussetzungen für ein „Leben und Wohnen im Alter in Reute-Gaisbeuren" verbessern und ein Altwerden in vertrauter Umgebung möglich machen sollen
• Die Unterstützung der pflegenden Angehörigen
• Den inneren und äußeren Zusammenhalt unter den Generationen und Ortschaften stärken
• Aus zwei fusionierten Ortschaften soll eine lebendige, solidarische Gemeinschaft werden.

---

7   Die Beschreibung der Initiative von Dr. Konstantin Eisele, Vorsitzender des Krankenpflegevereins Reute, und Brigitte Düngelhoff, Projektleitung und Referentin der CKD, wurde dieser Beschreibung zugrunde gelegt.

Projektbereich 1 – Erweiterte Nachbarschaftshilfe:

- Besuchsdienst, Begleit- und Fahrdienst (zu Ärzten, Therapeuten, Veranstaltungen, Kirche usw.)
- Hilfe bei: Winterdienst, Gartenarbeit, Veranstaltungen, Besorgungen, kleineren Reparaturen, beim Schriftverkehr mit Behörden
- Hauswirtschaftliche Tätigkeiten (begrenzt), wenn sie nicht durch die organisierte Nachbarschaftshilfe übernommen werden.

Projektbereich 2 – Gesellige, kulturelle und gesundheitsfördernde Angebote:

- Seniorengymnastik, wöchentliche Spiele-Nachmittage
- Monatliche Wanderungen, ein wöchentlicher Singkreis
- Ausflüge/Feste für die Ehrenamtlichen und pflegenden Angehörigen
- Vorträge

Umsetzung

Angesteckt von den Ideen der beiden oben beschriebenen Tagungen luden der Vorsitzende, Dr. Eisele, und Mitglieder des Krankenpflegevereins zu einer Auftaktveranstaltung *„Alt werden in vertrauter Umgebung – das Dorf übernimmt den Generationenvertrag"* mit Altbürgermeister Kiechle aus Eichstetten a. K. ein. Es kamen über 150 Personen. Im Anschluss daran wurden zwei Runde Tische gebildet: *„Betreuung zu Hause"* und *„Räumlichkeiten für Begegnung, gesellige und kulturelle Veranstaltungen, Immobilien für stationäre und teilstationäre Pflegeeinheiten".*

Wegweisend war ein Besuch von Ingrid Engelhart von *SPES* (Studienprogramm zur Erneuerung der Strukturen). Sie berichtete aus ihrem reichen Erfahrungsschatz in der Begleitung zukunftsweisender Projekte der Dorfentwicklung.

Eine Fragebogenaktion folgte dem Ziel, zu erfahren, was den Mitbürger(inne)n wichtig ist, womit sie unzufrieden sind, wie ihre Lebens- und Wohnsituation ist, welche Anregungen und Wünsche sie haben und in welchen ehrenamtlichen Tätigkeiten sie sich engagieren wollen. Erfreulich war, dass sich in diesem Rahmen 150 Personen (100 namentlich, 50 anonym) für ein Ehrenamt angeboten haben.

Von den beiden Runden Tischen kamen viele wertvolle Impulse, aber für eine konkrete und effektive Weiterarbeit waren die Gruppen zu groß. Die Lösung war eine kleinere „Initiativgruppe" mit an den Runden Tischen beteiligten Personen. Unter der Leitung von Sigrid Schorn, Diözesanreferentin der CKD, und Projektleiterin Brigitte Düngelhoff wurden beim ersten Treffen mittel- und langfristige Ziele für das Projekt und Vertreter(innen) für die kooperierenden Einrichtungen festgelegt.

Die Initiativgruppe hat zu allen, die sich für ein Ehrenamt gemeldet hatten, Kontakt aufgenommen, jeweils ein Profil erstellt, um die betreffenden Helfer(innen) wunschgemäß einsetzen zu können. Geblieben sind 70 Personen, die sich verbindlich für ein Ehrenamt bereit erklärt haben. Weitere Personen wollen sich später, nach Beendigung des Berufslebens oder anderer derzeitiger Hinderungsgründe einbringen.

Für die meisten Angebote entwickelte die Initiativgruppe Richtlinien. Eine grundsätzliche Ausnahme ist der Besuchsdienst. Hier geht es darum, den Menschen, die regelmäßig von der gleichen Person besucht werden wollen, Zeit zu schenken.

Kooperationen

Der Vorstand des Krankenpflegevereins verfolgte gleich zu Beginn die Vernetzung mit anderen Partnern. Im Sinne der „diözesanen Linie", dass sich die „Kirche im Sozialraum" verstehen und einbringen soll, war das neue Netzwerk offen, kooperativ und integrativ. In der Initiativgruppe Solidarische Gemeinde kooperieren bisher: die beiden Ortschaften Reute und Gaisbeuren, vertreten durch die Ortsvorsteher, das Kloster Reute, vertreten durch die Generalvikarin, die katholische Sozialstation „Gute Beth" in Bad Waldsee, das Sozialamt der Stadt Bad Waldsee, die Caritasstelle „Zuhause Leben" und die Organisierte Nachbarschaftshilfe. Auch die katholische und evangelische Kirchengemeinde sind durch delegierte Gemeindemitglieder mit im Boot.

Trägerschaft

Ganz bewusst wurde die Entscheidung getroffen, keinen neuen Bürgerverein zu gründen, sondern als Netzwerk wie andere sozial-karitative Einrichtungen unter dem Dach der katholischen Kirchengemeinde zu bleiben. Der frühere Krankenpflegeverein wurde dazu mit einer neuen Satzung und einem neuen Namen (Solidarische Gemeinde Reute-Gaisbeuren) auf die aktuellen Herausforderungen vorbereitet. Der Vorstand des Krankenpflegevereins beschloss eine Anschubfinanzierung. Eine durch das Projekt sehr gut besuchte Mitgliederversammlung des Krankenpflegevereins bestätigte diesen Beschluss und das gesamte Projekt einstimmig.

Adressatenansprache
Die Erfahrung zeigt, dass auf dem Land die persönliche Ansprache eher Türen öffnet als Zeitung, Amtsblatt und Flyer. Die Initiativgruppe verlässt sich deshalb auf Angehörige, Nachbarn, Bekannte, Schwestern oder Pflegedienste, die eventuelle Nutzer(innen) auf die Dienste der Initiative hinweisen oder gegebenenfalls einen Kontakt herstellen, sofern gewünscht. Sich helfen zu lassen, fällt vielen schwerer, als zu helfen.

Begleitung der Ehrenamtlichen
Alle Ideen und Angebote funktionieren nur mit dem engagierten und kompetenten Einsatz von ehrenamtlichen Mitarbeiter(inne)n. Zu ihrer Unterstützung und als Wertschätzung bietet die Initiative unterschiedliche Begleitungsangebote und Fortbildungen für alle, die direkt in Gesprächen und Kontakten mit Menschen sind. Es geht auf allen Ebenen um Kooperation, Vernetzung und ein gutes Miteinander. Das erfordert viel Aufmerksamkeit für Beziehungsarbeit und Klärungen. Reflexionen und Persönlichkeitsbildung bedürfen auch einer spirituellen Haltung, die sich immer wieder ihrer Quellen und ihrer Ausrichtung vergewissert. Dazu wünscht sich die Initiative verstärkt spirituelle Begleitung von den Kirchen und dem Kloster Reute.

Finanzierung
Der Krankenpflegeverein finanzierte den Projektstart. Dazu kamen eine Reihe von Spenden aus privater Hand, von Banken, vom Kloster Reute, aber auch Fördergelder der Diözese Rottenburg-Stuttgart (IN-Konzept), vom Landkreis Ravensburg, von der Caritas Bodensee-

Oberschwaben und den Caritas-Konferenzen Diözesanverband Rottenburg-Stuttgart (Ausschüttung aus dem Stiftungsfonds und finanzielle Förderung der Qualifizierung und Moderation). Die Initiative ist neben den Mitgliedsbeiträgen aus dem Krankenpflegeverein weiterhin auf die finanzielle Unterstützung der Kooperationspartner, Spender(innen) sowie auf eigene Fundraising-Aktivitäten angewiesen.

Erfahrungen

Eine wichtige Bedingung für den Start der Initiative war der Aufbau einer Anlaufstelle in der ehemaligen Ortschaftsverwaltung Reute, die als Kontaktbörse für ehrenamtliche Mitarbeiter(innen) und Unterstützung suchende Menschen fungiert und die administrativen Aufgaben übernimmt.

Folgende Herausforderungen für die Zukunft sieht die Initiative:

• Im kirchlichen Milieu: Verständnis entwickeln für die Bedeutung, die „Kirche im Sozialraum" hat, samt damit verbundener personeller und finanzieller Konsequenzen.

• Bei den Kooperationspartnern: den Netzwerkgedanken bewusst machen und die damit verbundene stärkere ideelle, finanzielle und praktische Mitverantwortung für das Gemeinwesen fördern.

• Selbstorganisation im Ehrenamt: Unterstützung, Begleitung und Schulung der Ehrenamtlichen in den Bereichen, in denen sie tätig sind, damit die Angebote und Aufgaben in absehbarer Zeit eigenverantwortlich und selbstständig durchgeführt werden können.

• Kooperationsvereinbarungen regelmäßig überprüfen: Ein nachhaltiges Projekt fordert eine gute Struktur für Leitung, Mitverantwortung und Aufgabenteilung sowie engagierte Mitarbeiter(innen), damit nicht einzelne Personen überlastet werden und Aufgabengebiete bei Bedarf schnell von anderen übernommen werden können.

Fazit

Netzwerke bieten eine Plattform für Kooperationen. Kooperationen sind sinnvoll, wenn sich die Qualität der Angebote durch die Bündelung von Kompetenzen und Ressourcen erhöht. Sie benötigen gemeinsam abgestimmte Rahmenbedingungen, transparente Kommunikationsformen und eine hohe Durchlässigkeit von Informationen. Je komplexer die im Rahmen von Kooperationen aufgebauten Netzwerke werden und je weiter sie in den öffentlichen Raum hinein wirken, desto wichtiger ist eine hauptberufliche neutrale Begleitung und die Sicherstellung weiterer gemeinsamer Ressourcen (Geld, Räume, Technikausstattung, gemeinsame Öffentlichkeitsarbeit, Qualifizierungsangebote, aber auch Coaching oder Supervision).

Netzwerke müssen gepflegt werden, wenn sie aufgebaut sind. Das heißt, es ist ein erhöhter Zeitaufwand notwendig, der sich auf Dauer für die einzelnen Partner auszahlen sollte. Sonst entwickelt sich Unzufriedenheit und die Motivation geht zurück. Deshalb ist es sinnvoll, die gemeinsam abgesteckten Ziele und Vorgehensweisen regelmäßig zu überprüfen.

Der Netzwerkgedanke stellt Kirchengemeinden vor neue Herausforderungen. Denn hier geht es nicht in erster Linie um die Belange der eigenen Gemeinde, sondern um die Bündelung von Kräften, die ein gemeinsames übergeordnetes Ziel erreichen wollen. Wenn sich Kirchengemeinden als lernende Organisationen verstehen, werden sie von Kooperationen über die ökumenischen Grenzen hinaus profitieren. Als Knotenpunkte in komplexen Netzwerken werden sie früher mit Entwicklungen im Quartier oder am Wohnort und mit gesellschaftlichen Veränderungen konfrontiert. Sie werden gefordert, über die eigene kircheninterne Situation hinaus nach Lösungen mit anderen zu suchen. Dann ist nicht mehr das eigene Angebot oder Profil im Vordergrund, sondern die Leitlinie Jesu „Talita kum!" – Steh auf! Nutze deine Fähigkeiten, überwinde deine Grenzen und gestalte dein Leben und dein Lebensumfeld!

Sigrid Schorn

Kontakt:

Dr. Konstantin Eisele, Vorsitzender des Krankenpflegevereins, Ulmenweg 14, 88339 Bad Waldsee, Reute, E-Mail: konstantin.eisele@t-online.de

Brigitte Düngelhoff, Projektleiterin, Am Tobel 2, 88368 Bergatreute, E-Mail: br-duengelhoff@t-online.de

Autorinnen und Autoren

Peter Adolf, Pfarrer i. R., Freiberuflicher Berater für das Pastoralkonzept „Petrus-Weg", Bonn (peter.adolf@erzbistum-koeln.de).

Gabriele Denner, Referentin Ehrenamt, Dekanate, Pastoralvisitation, Hauptabteilung Pastorale Konzeption, Bischöfliches Ordinariat, Rottenburg.

Rosa Geiger-Wahl, Diözesanreferentin Freiwilliges soziales Engagement, Caritasverband der Diözese Rottenburg-Stuttgart, Stuttgart.

Kim Hartmann, Projektkoordinatorin Orte des Zuhörens, Diözesancaritasverband Rottenburg-Stuttgart e. V., Stuttgart.

Dr. Christian Hennecke, bis 2014 Regens des Priesterseminars Hildesheim und Leiter des Fachbereichs Missionarische Seelsorge. Ab dem 13. April 2015 Leiter der Hauptabteilung Pastoral im Bischöflichen Generalvikariat, Hildesheim.

Prof. Dr. Bernd Jochen Hilberath, bis 2013/14 Professor für Dogmatische Theologie und Dogmengeschichte sowie Direktor des Instituts für Ökumenische und Interreligiöse Forschung an der Katholisch-Theologischen Fakultät der Eberhard Karls Universität Tübingen.

Max Himmel, Referent für Gemeindeentwicklung, Hauptabteilung Pastorale Konzeption, Bischöfliches Ordinariat, Rottenburg.

Barbara Hoffmann, Dipl. Sozialpädagogin (FH), Mitarbeiterin der Caritas Freiwilligen Agentur der Caritas Ost-Württemberg, Heidenheim.

Matthäus Karrer, Domkapitular, Leiter der Hauptabteilung Pastorale Konzeption, Bischöfliches Ordinariat, Rottenburg.

Anita Knauß, Dipl. Sozialpädagogin (BA), Mitarbeitern der Caritas Freiwilligen Agentur der Caritas Ost-Württemberg, Heidenheim.

Dr. Elke Langhammer. Referentin für Ehrenamtsförderung und Glaubensbildung Erwachsener, Erzbischöfliches Seelsorgeamt, Abteilung I/Referat Missionarische Pastoral, Freiburg.

Pfarrerin Dr. Silke Obenauer, Landeskirchliche Beauftragte für Besuchsdienst, Hauskreis/ Kleingruppe, Gabenorientierte Gemeindeentwicklung, Kommunikationstraining „Vom Glauben sprechen", Evang. Oberkirchenrat, AMD – Missionarische Dienste, Karlsruhe.

Theresa Reinke, Dipl.-Theol., Wissenschaftliche Mitarbeitern am Zentrum für angewandte Pastoralforschung Bochum.

Sigrid Schorn, Geschäftsführung der Caritas-Konferenzen Deutschland (CKD), Diözesanverband Rottenburg-Stuttgart, Stuttgart.

Michaela Tholl, Referentin, Arbeitsbereich Ehrenamtsentwicklung, Bischöfliches Generalvikariat, Trier.

Achim Wicker, Dekanatsreferent, Katholisches Dekanat Freudenstadt.